CÉU

I

"Ela resplandecia com a glória de Deus,
e o seu brilho era como o de uma jóia muito preciosa,
como jaspe, clara como cristal."
(Apocalipse 21:11)

CÉU

I

Claro e Lindo como Cristal

DR. JAEROCK LEE

URIM
BOOKS

CÉU I(CLARO E LINDO COMO CRISTAL) : escrito por Dr. Jaerock Lee
Publicado por Urim Books
235-3, Guro-dong3, Guro-gu, Seul, Coréia do Sul
www.urimbooks.com

Os textos das referências bíblicas foram extraídos da Bíblia de Nova Versão Internacional (NVI), salvo indicação específica. Utilizado sob permissão.

Copyright © 2011 por Dr. Jaerock Lee
ISBN: 978-89-7557-460-3, ISBN: 978-89-7557-459-7(set)
Tradução copyright © 2008 por Dra. Esther K. Chung. Utilizado sob permissão.

Publicado anteriormente em coreano pela Urim Books, em 2002

Primeira Edição em Junho de 2011

Editado por Geumsun Vin
Traduzido do inglês para português por Fernanda Dias de Almeida e Álvaro César Ramírez
Design criado pelo Editorial da Urim Books
Impresso pela Yewon Printing Company
Para mais informações, entre em contato: urimbook@hotmail.com

 PREFÁCIO

O Deus de amor não guia apenas cada crente ao caminho da salvação, mas também revela os segredos do Céu.

Ao menos uma vez na vida, alguém já se perguntou: "Para onde irei após a vida neste mundo"? ou "Céu e Inferno realmente existem"?

Muitas pessoas morrem antes de descobrir tais questões, ou mesmo se acreditam em vida após a morte. Nem todos tomam posse da promessa do Céu, porque não possuem o conhecimento apropriado. Céu e Inferno não são uma fantasia, mas realidade no mundo espiritual.

Por um lado, o Céu é um lugar tão maravilhoso, que não pode ser comparado com nada neste mundo. Especialmente a beleza e a felicidade na Nova Jerusalém, onde é localizado o Trono de Deus, não podem ser descritos precisamente, pois são feitas dos melhores materiais e com as habilidades celestiais.

Por outro lado, o Inferno é cheio de intermináveis dores e punição eterna; uma realidade horrível explicada em detalhes no livro *"Inferno"*. Céu e Inferno vieram a ser conhecidos através de Jesus e seus Apóstolos e, ainda hoje, são revelados em detalhes através do povo de Deus, que possui uma fé verdadeira.

O Céu é um lugar onde os filhos de Deus gozam da vida eterna e das coisas maravilhosas e inimagináveis que são preparadas para eles. Você somente conhecerá em detalhes quando Deus permitir e mostrar-lhe.

Eu orei e perseverei por sete anos para conhecer sobre este Céu e comecei a receber respostas de Deus. Agora, Deus está me mostrando mais dos segredos do Reino Espiritual com grande profundidade.

Pelo fato de o Céu não ser visível, é muito difícil descrevê-lo com a linguagem e o conhecimento deste mundo. Pode até ocorrer algum mal entendido por causa disto. Por esse motivo, Paulo – o Apóstolo – não pôde contar em detalhes sobre o Paraíso no Terceiro Céu que viu.

Deus também me ensinou muitos segredos sobre o Céu e,

por muitos meses, orei sobre a vida, lugares e galardões no Céu, conforme a medida da fé. No entanto, eu não pude pregar tudo que aprendi em detalhes.

A razão pela qual Deus me permite tornar conhecido o Reino Espiritual neste livro, é para que muitas almas sejam salvas e para que possam ser guiadas ao Céu, que é claro e lindo como cristal.

Todo o meu agradecimento e glória a Deus, por me permitir publicar *Céu I: Claro e Lindo como Cristal,* que é uma descrição de um lugar claro e lindo como cristal, cheio da Glória de Deus. Eu espero que você entenda o maravilhoso amor de Deus ao mostrar-lhe os segredos do Céu e ao guiar as pessoas ao caminho da salvação, para que você tome posse também. Eu também espero que você trilhe o caminho da vida eterna, na Nova Jerusalém.

Agradeço também ao Dr. Geumsun Vin, Diretor da Bureau Editorial e sua equipe, aos Tradutores pelo empenho na publicação deste livro. Eu oro em nome do Senhor, para que através deste livro, muitas almas sejam salvas e que desfrutem da vida eterna na Nova Jerusalém.

Jaerock Lee

 INTRODUÇÃO

Fico na esperança de que cada leitor perceba o paciente amor de Deus, que alcance a plenitude do espírito e que corra em direção à Nova Jerusalém.

Toda glória e todas as graças sejam dadas a Deus, que levou inúmeras pessoas a conhecerem o reino espiritual apropriadamente e a correrem em direção ao alvo, esperançosas pelo céu, através da publicação de *Inferno* e a série dupla *Céu I* e *II.*

Este livro consiste em dez capítulos e nos mostra claramente a vida e a beleza, além dos diferentes lugares dentro do Céu, e as recompensas dadas de acordo com a medida da fé. Essas são as revelações dadas ao Reverendo Dr. Jaerock Lee, pela inspiração do Espírito Santo.

O capítulo 1 "Claro e Lindo como Cristal" descreve a eterna felicidade existente no Céu ao mostrar em termos gerais como é o Céu, onde não serão necessários sol ou lua para que brilhe.

O capítulo 2 "O Jardim do Éden é o Lugar de Espera Para o Céu" explica onde fica, como é Jardim do Éden e como é a vida lá, para auxiliar-nos a entender o Céu. Esse capítulo também nos conta sobre o plano e cuidado de Deus em colocar a árvore do conhecimento do bem e do mal e em desenvolver os seres humanos espiritualmente. Ademais, mostra-nos o "lugar de espera" onde os salvos aguardarão o Dia do Juízo, junto da vida naquele lugar e quais pessoas entrarão na Nova Jerusalém sem precisar passar por este "lugar de espera".

O capítulo 3 "A Festa de Casamento de Sete Anos" explica a Segunda Vinda de Jesus Cristo, os sete anos da Grande Tribulação, o retorno do Senhor à Terra, o Milênio e a vida eterna depois dele.

O capítulo 4 "Segredos do Céu Ocultos Desde a Criação" cobre os segredos do Céu que se revelam através das parábolas de Jesus e nos conta como tomar posse do Céu, onde há várias moradas.

O capítulo 5 "Como Será Nossa Vida no Céu?" explica a altura, peso e cor do corpo espiritual e como nós viveremos. Com vários exemplos de como a vida é feliz no Céu. Este capítulo também nos clama a buscar o céu ardentemente.

O capítulo 6 "Paraíso" explica o Paraíso como sendo o nível mais baixo do Céu, ainda muito mais belo e feliz que este mundo. Esse capítulo também descreve as pessoas que lá viverão.

O capítulo 7 "O Primeiro Reino Celestial" explica a vida e as recompensas do Primeiro Reino, que abrigará aqueles que aceitaram a Jesus Cristo e tentaram viver de acordo com a sua Palavra.

O capítulo 8 "O Segundo Reino Celestial" descreve a vida e as recompensas do Segundo Reino, onde aqueles, que não atingiram a santidade completa mas cumprirão o seu chamado, entrarão. Ele também enfatiza a importância da obediência e do cumprimento dos nossos chamados.

O capítulo 9 "O Terceiro Reino Celestial" explica a beleza e a glória do Terceiro Reino, que não podem ser comparadas ao Segundo Reino. O Terceiro Reino é o lugar feito somente para aqueles que abandonaram todos os seus pecados – até os pecados de sua natureza – pelos seus próprios esforços e a ajuda do Espírito Santo. Esse capítulo também explica o amor de Deus que nos permite passar por provações e testes.

Finalmente o capítulo 10 "A Nova Jerusalém" nos mostra a mais linda e gloriosa morada no Céu, onde o Trono de Deus se localiza. Este capítulo descreve o tipo de pessoas que entrará na Nova Jerusalém. Ele termina com a esperança passada pelo exemplo de casas de duas pessoas que entrarão na Nova Jerusalém.

Deus preparou o Céu, claro e lindo como cristal, para seus filhos amados. Ele quer tantas pessoas, quanto possível, sejam salvas e espera ansiosamente que Seus filhos entrem na Nova Jerusalém.

Eu espero, em nome do Senhor, que todos vocês percebam o grande amor de Deus, alcancem a plenitude espiritual com o coração de Deus e corram vigorosamente para a Nova Jerusalém.

Geumsun Vin
Diretor da Bureau Editorial

ℛ SUMÁRIO

Capítulo 1

Céu:
Claro e Lindo como Cristal

"Então o anjo me mostrou
o rio da água da vida
que, claro como cristal,
fluía do trono de Deus e do
Cordeiro, no meio da
rua principal da cidade.
De cada lado do rio
estava a árvore da vida,
que frutifica doze vezes por ano,
uma por mês.
As folhas da árvore servem
para a cura das nações.
Já não haverá maldição nenhuma.
O trono de Deus e do
Cordeiro estará na cidade,
e os seus servos o servirão.
Eles verão a sua face,
e o seu nome estará em suas testas.
Não haverá mais noite.

Eles não precisarão de luz de candeia,
nem da luz do sol,
pois o Senhor Deus os iluminará;
e eles reinarão para todo o sempre."

- Apocalipse 22:1-5

Muitas pessoas imaginam e perguntam: "É dito que viveremos eternamente no Céu – que tipo de lugar é"? Se você escutar os testemunhos daqueles que estiveram no Céu, você escutará que muitos deles passaram por um longo túnel. Isto é porque o Céu está no Reino Espiritual, que é muito diferente do mundo em que vivemos.

Aqueles que vivem neste mundo tridimensional não conhecem sobre o Céu em detalhes. Você ou quando seus olhos espirituais se abrem. Se você conhecer este mundo espiritual em detalhes, não somente sua alma será feliz, mas também sua fé irá crescer e será grato a Deus. Ainda, Jesus nos contou sobre os segredos do Céu através de várias parábolas e João, o Apóstolo, nos explica sobre o Céu em detalhes no livro de Apocalipse.

Que tipo de lugar é o Céu e como as pessoas viverão nele? Você dará uma breve olhada no Céu, claro e lindo como cristal, que Deus preparou para compartilhar com Seus filhos eternamente.

Novo Céu e Nova Terra

O primeiro céu e a primeira terra que Deus criou eram claros e lindos como um cristal, mas foram amaldiçoados devido à desobediência de Adão, o primeiro homem. Também, a rápida e expansiva industrialização e o desenvolvimento na área da ciência e tecnologia poluíram esta terra, e muitos clamam pela preservação em nossos dias.

Além disso, quando o tempo chegar, Deus deixará o primeiro céu e a primeira terra e revelará o Novo Céu e a Nova Terra. Mesmo sabendo que esta terra se tornou podre e poluída, ela ainda é necessária para a criação dos filhos de Deus que podem e irão alcançar o Céu.

No início, Deus criou a terra e depois o homem, e permitiu que o homem vivesse no Jardim do Éden. Ele deu ao homem liberdade e abundância, permitindo que ele comesse todos os frutos, menos o da árvore do conhecimento do bem e do mal. O homem, no entanto, violou a única coisa que Deus havia proibido e foi lançado a esta terra, primeiro céu e primeira terra.

Sabendo que a humanidade iria para o caminho da morte, Ele preparou Jesus Cristo antes do início dos tempos e o enviou a esta terra no tempo certo.

Aquele que aceitar a Jesus Cristo, que foi crucificado na cruz e que ressuscitou, será transformado em nova criatura e irá para o Novo Céu e para a Nova Terra e desfrutará da vida eterna.

Céu Azul do Novo Céu Claro como Cristal

O céu do Novo Céu que Deus preparou é cheio de ar puro, de forma que o torna tremendamente claro, puro e limpo, diferente do ar deste mundo. Imagine um alto e claro céu com nuvens brancas. Quão maravilhoso seria!

Então, por que Deus fará o novo céu azul? Espiritualmente, a cor azul nos faz sentir a profundidade, a eminência e a pureza. A água é pura quando é azul. Quando você contempla o céu azul, você pode até sentir o seu coração refrescado. Deus fez o céu deste mundo azul, porque fez o seu coração limpo, para que olhasse para o Criador. Se você puder confessar, olhando para o azul do céu: "Meu Criador está lá. Ele fez tudo tão maravilho"!, seu coração será limpo e será compelido a levar uma vida em Sua presença.

E se todo o céu fosse amarelo? Ao invés de nos sentirmos confortáveis, as pessoas sentir-se-iam inquietas e confusas, e algumas poderiam até sofrer de problemas mentais. Da mesma forma, a mente das pessoas pode ser modificada, renovada ou até confundida, de acordo com a cor. Por esse motivo, Deus fez o céu do novo Céu azul e colocou nuvens brancas puras, para que Seus filhos vivessem felizes com seus corações claros e lindos como cristal.

Nova Terra do Céu Feita de Puro Ouro e Jóias

Como será a nova terra no Céu? Na nova terra do Céu, que Deus fez clara e linda como cristal, não há solo ou areia. A nova terra é composta somente de ouro puro e de jóias preciosas. Como é fascinante um Céu com ruas reluzentes feitas de ouro e jóias!

Esta terra é feita de solo, que pode ser modificado com o tempo. Essa mudança nos permite conhecer sobre o significado da morte. Deus permitiu que as plantas crescessem, tivessem frutos e perecessem no solo. Você pode perceber que a vida começa e termina no solo desta terra.

O Céu é feito de puro ouro e jóias e não pode ser modificado porque é um lugar eterno. Ainda, assim como as plantas crescem nesta terra, crescerão no céu quando plantadas. No entanto, nunca morrerão ou perecerão como as que aqui temos.

Além disso, até mesmo montanhas e castelos serão feitos de ouro puro e jóias. Como será iluminado e maravilhoso! Você deverá ter uma fé verdadeira para que não perca essa imensa bênção que não pode ser expressa com palavras.

Desaparecimento da Primeira Terra e do Primeiro Céu

O que acontecerá com o primeiro céu e primeira terra quando este lindo Novo Céu e Terra aparecerem?

Depois vi um grande trono branco e aquele que nele estava assentado. A terra e o céu fugiram da sua presença, e não se encontrou lugar para eles (Apocalipse 20:11).

Então vi novos céus e nova terra, pois o primeiro céu e a primeira terra tinham passado; e o mar já não existia (Apocalipse 21:1).

Quando as pessoas desta terra forem julgadas entre o bem e o mal, o primeiro céu e a primeira terra passarão. Isso significa que não desaparecerão completamente, ao contrário, serão colocados

5

em outro lugar.

Por que Deus moverá o primeiro céu e terra, ao invés de fazer com que sumam completamente? Isso é porque seus filhos sentirão falta, se Deus os remover completamente. Mesmo sabendo que foi um local de perdas, tristezas e sofrimentos, sentirão falta porque foi sua casa uma vez. Conhecendo isso, o Deus de amor moverá o primeiro céu e terra para outra parte no universo, e não removerá completamente.

O universo no qual vivemos é infinito e ainda existem muitos outros universos. Deus, portanto, moverá o primeiro céu e terra para outro canto do universo e permitirá que Seus filhos visitem, quando precisarem.

Não Haverá Lágrimas, Tristezas, Morte ou Doenças

O novo Céu e Terra, no qual os filhos de Deus, salvos mediante a fé, viverão, não haverá maldição e será cheio de alegrias. Em Apocalipse 21:3-4, você encontrará que não haverá lágrimas, tristezas, morte ou doenças, porque Deus nele habitará.

Ouvi uma forte voz que vinha do trono e dizia: "Agora o tabernáculo de Deus está com os homens, com os quais ele viverá. Eles serão os seus povos; o próprio Deus estará com eles e será o seu Deus. Ele enxugará dos seus olhos toda lágrima. Não haverá mais morte, nem tristeza, nem choro, nem dor, pois a antiga ordem já passou"

Como seria triste, se você estivesse faminto ou se seu filho estivesse chorando por comida! Como seria, se alguém chegasse nesse momento perto de você e dissesse: "Você está com tanta fome que até chora", e enxugasse todas as suas lágrimas e não lhe desse nada? Qual seria a ajuda nessa situação? Ele deveria dar-lhe de comer para que não morresse de fome. Somente assim as lágrimas de seu rosto e a de seus filhos acabariam.

Da mesma forma, quando falamos que Deus enxugará todas as lágrimas de nossos olhos, significa que, se formos salvos e formos para o Céu, não haverá mais preocupação, pois não haverá mais lágrimas, tristeza, morte ou doenças no Céu.

Por um lado, mesmo se você acreditar ou não em Deus, viverá um tipo de tristeza nesta terra. As pessoas neste mundo sofrem com uma pequena perda, talvez nem tão significativa. Por outro lado, aqueles que crerem viverão na misericórdia e na graça.

Uma vez que for para o Céu, no entanto, você não terá mais essas preocupações. Você não sofrerá mais com pecados, pois lá não haverá nenhum tipo.

Neste mundo, quando estamos cheios de tristeza, nos lamentamos. No Céu, no entanto, não haverá lamentações porque não haverá preocupações. Teremos eternas alegrias.

O Rio da Água da Vida

No céu, o Rio da Água da Vida, claro como cristal, flui no meio da rua principal da cidade. Apocalipse 22:1-2 nos explica este "Rio da Água da Vida", e você deve ficar muito feliz só de imaginá-lo.

Então o anjo me mostrou o rio da água da vida que, claro como cristal, fluía do trono de Deus e do Cordeiro, no meio da rua principal da cidade. De cada lado do rio estava a árvore da vida, que frutifica doze vezes por ano, uma por mês. As folhas da árvore servem para a cura das nações.

Certa vez, tive a oportunidade de nadar em um mar muito claro no Pacífico. A água era tão clara que eu podia ver as algas e os peixes que nela havia. Mesmo neste mundo, você pode sentir o seu coração limpo e renovado, quando contempla uma água clara. Como você ficará muito mais feliz quando estiver no céu, onde está o Rio da Água da Vida, que é claro como cristal e flui no meio da rua principal da cidade.

O Rio da Água da Vida

O Rio da Água da Vida de longe aparenta ser azul, mas se você observar bem de perto, verá que é muito claro, maravilhoso, puro, de forma que podemos dizer que é "claro como cristal".

Então, por que este Rio da Água da Vida flui do trono de Deus e do Cordeiro? Espiritualmente, a água se refere à Palavra de Deus, que é o alimento da vida. Recebemos vida eterna através da Palavra de Deus. Jesus diz em João 4:14: *"mas quem beber da água que eu lhe der nunca mais terá sede. Ao contrário, a água que eu lhe der se tornará nele uma fonte de água a jorrar para a vida eterna".* A Palavra de Deus é a Água da Vida Eterna que nos é dada. Por esse motivo, o Rio da Água da Vida flui do trono de Deus e do Cordeiro.

Como será o sabor da Água da Vida? É algo tão doce e tão sublime que você não pode experimentar neste mundo. Você será renovado uma vez que tomar desta água. Deus deu a Água da Vida aos homens, mas depois da queda de Adão, a água deste mundo foi amaldiçoada juntamente com outras coisas. Desde então, não somos capazes de beber desta água neste mundo. Você somente a experimentará, se for para o Céu. As pessoas deste mundo estão bebendo uma água "poluída". Trocamos muitas vezes a água por bebidas artificiais para saciar nossa sede. Da mesma forma, jamais a água deste mundo poderá dar vida eterna. Mas a água que está no Céu, a Água da Vida, a Palavra de Deus, nos dá a vida eterna. É mais doce que o mel e dá força ao nosso espírito.

O Rio Flui ao Redor do Céu

O Rio da Água da Vida que flui do trono de Deus e do Cordeiro é como se fosse o sangue que mantém a vida circulando em seu corpo. Ele corre ao redor do Céu, fluindo no meio da rua principal da cidade, voltando ao Trono de Deus. Por que então este Rio da Água da Vida flui e corre ao redor do Céu no meio da rua principal da cidade?

Primeiro, este Rio da Água da Vida é o caminho mais fácil para ir ao Trono de Deus. Além disso, para ir à Nova Jerusalém, onde está localizado o Trono de Deus, você deve seguir a rua feita

9

de ouro em cada lado do Rio.

Segundo, a Palavra de Deus é o caminho para o Céu, e você somente entrará no Céu se seguir este caminho da Palavra de Deus. Jesus disse em João 14:6: *"Eu sou o caminho, a verdade e a vida. Ninguém vem ao Pai, a não ser por mim"*, este é o caminho para entrar no Céu, na Palavra da verdade de Deus. Quando você vive conforme a Palavra de Deus, você está apto a entrar no Céu, onde a Palavra de Deus, o Rio da Água da Vida, flui.

Da mesma forma, Deus fez o Céu de tal forma que somente ao seguir o Rio da Água da Vida, você chegará na Nova Jerusalém, onde habita o trono de Deus.

Areia de Ouro e Prata na Margem do Rio

O que haverá na margem do Rio da Água da Vida? Você notará areia de ouro e prata espalhados por toda a parte. A areia no Céu é agradável e macia, que não grudará em sua roupa, mesmo se você se deitar nela.

Ainda, há muitos bancos decorados com ouro e jóias. Ao sentar-se no banco para uma conversa com os seus amigos queridos, anjos os servirão.

Neste mundo, você admira os anjos, mas no Céu eles o chamarão de "mestre" e o servirão como quer. Se você desejar comer alguma fruta, o anjo buscará em um cesto cheio de jóias ou flores e entregará a você em um instante.

Além disso, ambos os lados do Rio da Água da Vida são bonitos e possuem várias flores coloridas, pássaros, insetos e animais. Eles também o servirão como mestre e você dividirá seu amor com eles. Como será maravilhoso este Céu com este Rio da Água da Vida!

A Árvore da Vida em Cada Lado do Rio

Apocalipse 22:1-2 nos explica em detalhes a árvore da vida em cada lado do Rio da Água da Vida.

Então o anjo me mostrou o rio da água da vida que, claro como cristal, fluía do trono de Deus e do Cordeiro, no meio da rua principal da cidade. De cada lado do rio estava a árvore da vida, que frutifica doze vezes por ano, uma por mês. As folhas da árvore servem para a cura das nações.

Então, por que Deus colocou a árvore da vida que frutifica doze vezes por ano em cada lado do rio?

Primeiramente, Deus queria que Seus Filhos que entrassem no Céu sentissem a beleza da vida neste Céu. Ele também queria lembrá-los de que testemunharam os frutos do Espírito Santo, quando agiram de acordo com a Palavra de Deus.

Você talvez tenha percebido uma coisa aqui. Ter doze frutos não significa que uma árvore possua somente doze frutos, mas que doze tipos diferentes de árvores da vida carregam cada fruto. Na Bíblia vemos que as doze tribos de Israel foram formadas através dos doze filhos de Jacó e, por estas doze tribos, a nação de Israel foi formada e as nações que aceitaram o Cristianismo foram erguidas ao redor do mundo. Até mesmo Jesus selecionou doze discípulos e o evangelho foi pregado e espalhado a todas as nações, através dele e de seus discípulos.

Além disso, doze frutos da árvore da vida simbolizam que qualquer um de qualquer nação, se seguir com fé, testemunhará o fruto do Espírito Santo e entrará no Céu.

Se você comer um bonito e colorido fruto da árvore da vida, você se sentirá feliz e renovado. Ainda, assim que colhida, outra substituirá e nunca acabará. As folhas da árvore da vida são perenes e brilhantes. Elas permanecerão assim para sempre. Estas folhas são bem maiores do que as deste mundo e crescem de uma maneira organizada.

O Trono de Deus e do Cordeiro

Apocalipse 22:3-5 descreve a localização do Trono de Deus e do Cordeiro no meio do Céu.

Já não haverá maldição nenhuma. O trono de Deus e do Cordeiro estará na cidade e os seus servos o servirão. Eles verão a sua face e o seu nome estará em suas testas. Não haverá mais noite. Eles não precisarão de luz de candeia, nem da luz do sol, pois o Senhor Deus os iluminará; e eles reinarão para todo o sempre.

O Trono Está no Meio do Céu

O Céu é um lugar eterno onde Deus reina com amor e justiça. Na Nova Jerusalém, localizada no meio do Céu, está localizado o Trono de Deus e do Cordeiro. O Cordeiro aqui se refere a Jesus Cristo (Êxodo 12:5; João 1:29; 1 Pedro 1:19).

Nem todos poderão entrar no local onde Deus fica. É localizado em um espaço em outra dimensão da Nova Jerusalém. O Trono de Deus neste lugar é muito mais bonito e brilhante do que o da Nova Jerusalém.

O Trono de Deus na Nova Jerusalém é o local onde Deus virá ao encontro de Seus filhos, quando estiverem louvando ou tendo banquetes. Apocalipse 4:2-3 mostra Deus sentado em Seu Trono.

Imediatamente me vi tomado pelo Espírito, e diante de mim estava um trono no céu e nele estava assentado alguém. Aquele que estava assentado era de aspecto semelhante a jaspe e sardônio. Um arco-íris, parecendo uma esmeralda, circundava o trono, ao redor do qual estavam outros vinte e quatro tronos, e assentados neles havia vinte e quatro anciãos. Eles estavam vestidos de branco e na cabeça tinham coroas de ouro.

Ao redor do Trono estão vinte e quatro anciãos sentados, vestidos de branco e com coroas de ouro na cabeça. Diante do Trono estão os Sete Espíritos de Deus e do mar de vidro, claro como cristal. No centro e ao redor do Trono estão quatro seres viventes, muitos seres e anjos.

Além disso, o Trono de Deus é coberto com luzes. É tão bonito, incrível, majestoso, digno e grande que é além da imaginação humana. Ainda, ao lado direito do trono de Deus está o Trono do Cordeiro, nosso Senhor Jesus. É diferente do Trono de Deus, mas o Deus da Trindade, o Pai, Filho e Espírito Santo, possuem o mesmo coração, características e poder.

Mais detalhes do Trono de Deus será explicado no Segundo Livro "Céu" titulado "Cheio da Glória de Deus".

Nem Dia, Nem Noite

Deus reina de Seu Trono, sobre o Céu e o universo, com Seu amor e justiça, que brilha com a santa e maravilhosa luz de sua Glória. O Trono está no meio do Céu e, ao lado do Trono do Cordeiro, também reluz a luz da glória. Além disso, o Céu não precisa do sol ou da lua, ou qualquer outro meio de luz ou eletricidade para iluminar. Não haverá noite ou dia no Céu.

Hebreus 12:14 adverte: *"Esforcem-se para viver em paz com todos e para serem santos; sem santidade ninguém verá o Senhor"*. Jesus em Mateus 5:8 promete: *"Bem-aventurados os puros de coração, pois verão a Deus"*.

Aqueles que lançarem fora todo mal de seus corações e obedecerem à Palavra de Deus completamente poderão ver a face de Deus.

Como serão felizes, se puderem ver a face de Deus, servir-Lle e compartilhar o amor com Ele para sempre! No entanto, da mesma forma que você não consegue olhar diretamente para o sol, aqueles que não se arrependerem não verão a Deus.

Aproveitando a Verdadeira Felicidade Para Sempre no Céu

Você aproveitará a verdadeira felicidade em tudo o que fizer no Céu, porque é o melhor presente que Deus preparou com tanto amor aos Seus filhos. Anjos servirão aos filhos de Deus, conforme escrito em Hebreus 1:14: *"Os anjos não são, todos eles, espíritos ministradores enviados para servir àqueles que hão de herdar a salvação?"*. Assim como as pessoas possuem medidas de fé, o tamanho das casas e o número de espíritos ministradores diferirão conforme a extensão de pessoas que se assemelham a Deus.

Serão servidos como príncipes e princesas, porque os anjos lerão a mente de seus mestres aos quais foram designados e prepararão tudo aquilo que quiserem Ainda, animais e plantas amarão os Filhos de Deus e lhes servirão. Os animais, no céu, obedecerão aos filhos de Deus incondicionalmente e, algumas vezes, tentarão fazer coisas "bonitinhas" para agradar-lhes, pois não possuem nenhum mal.

E quanto às plantas no Céu? Cada planta possui um único e bonito aroma e, para qualquer filho de Deus que se aproxima, exala seu perfume. As flores darão seu melhor aroma para os filhos de Deus e se espalharão em locais distantes. O aroma é regenerado, logo que liberado.

Ainda, as frutas dos doze tipos de árvores possuem sabores particulares. Se você sente o aroma das flores ou come da árvore da vida, será feliz e renovado, o que não poderá ser comparado a nada neste mundo.

Além disso, diferente das plantas desta terra, as flores no Céu sorrirão quando os filhos de Deus se aproximarem. Elas até dançarão para seus mestres e as pessoas poderão conversar com elas.

Mesmo se alguém arrancar alguma flor, ela não ficará machucada ou triste, mas será restaurada pelo Poder de Deus. A flor que é arrancada será dissolvida no ar e desaparecerá. A fruta comida pelas pessoas também será dissolvida como os aromas suaves e desaparecerá.

Exitem quatro estações no Céu e as pessoas poderão aproveitar as mudanças das estações. As pessoas sentirão o amor de Deus no especial de cada estação: primavera, verão, outono e inverno. Alguém poderá até se perguntar: "As pessoas sofrerão de calor ou de frio até mesmo no Céu"? O clima no Céu, no entanto, forma a mais perfeita condição aos filhos de Deus, e não sofrerão de calor ou de frio. Mesmo sabendo que o corpo espiritual não pode sentir frio ou calor, sentirão o frio e o calor no ar. Então ninguém sofrerá de calor ou frio.

No outono, os filhos de Deus aproveitarão as folhas que caem e, no inverno, poderão ver a neve branca. Aproveitarão a beleza que é muito maior que a deste mundo. A razão pela qual Deus fez quatro estações no Céu é para que Seus filhos saibam que tudo está pronto para eles no Céu. Ainda, é um exemplo que Seu amor é para sempre e para que não sintam falta desta terra onde foram criados.

O Céu está no mundo quadridimensional e não pode ser comparado a este mundo. É cheio do amor e poder de Deus e possui inúmeras atividades que as pessoas não podem nem imaginar. Você conhecerá mais destes eventos no capítulo 5.

Somente os livros gravados no Livro da Vida do Cordeiro poderão entrar no Céu. Assim como escrito em Apocalipse 21:6-8, somente aqueles que beberem da Água da Vida e se tornarem filhos de Deus entrarão no Reino dos Céus.

> *Disse-me ainda: "Está feito. Eu sou o Alfa e o Ômega, o Princípio e o Fim. A quem tiver sede, darei de beber gratuitamente da fonte da água da vida. O vencedor herdará tudo isto, e eu serei seu Deus e ele será meu filho. Mas os covardes, os incrédulos, os depravados, os assassinos, os que cometem imoralidade sexual, os que praticam feitiçaria, os idólatras e todos os mentirosos — o lugar deles será no lago de fogo que arde com enxofre. Esta é a segunda morte."*

É um dever essencial do homem temer a Deus e aos seus mandamentos (Eclesiastes 12:13). Se você não temer a Deus e quebrar seus mandamentos permanecendo no pecado, não entrará no Céu. Os maus homens, assassinos, feiticeiros, idólatras não entrarão no Céu. Eles ignoram a Deus, servem demônios, acreditam em deuses e seguem a Satanás.

Ainda, aqueles que mentem a Deus e O enganam, blasfemam contra o Espírito Santo e jamais entrarão no Céu. Isto é explicado no Livro *Inferno:* estes sofrerão de castigos eternos no Inferno.

Além disso, eu oro, em nome do Senhor, para que você não apenas aceite a Jesus Cristo, ganhando o direito de ser filho de

17

Deus, mas que também aproveite a vida eterna cheia de alegrias, através da Palavra de Deus.

Capítulo 2

O Jardim do Éden é
o Lugar de Espera Para o Céu

"Ora, o SENHOR Deus tinha plantado um jardim no Éden,
para os lados do leste,
e ali colocou o homem que formara.
Então o SENHOR Deus fez nascer do solo todo tipo de
árvores agradáveis aos olhos e boas para alimento.
E no meio do jardim estavam a árvore da vida
e a árvore do conhecimento do bem e do mal."
- Genesis 2:8-9

Adão, o primeiro homem criado por Deus, viveu no Jardim do Éden como espírito vivente, que se comunicava com Deus. Depois de um longo tempo, contudo, Adão cometeu o pecado da desobediência, ao comer da árvore do conhecimento do bem e do mal, o que havia sido proibido por Deus. Como resultado, seu espírito, que o controlava, morreu. O homem foi banido do Jardim do Éden e teve de viver nesta Terra. Os espíritos de Adão e Eva estavam então mortos e a comunicação com Deus foi cortada. Vivendo nesta terra maldita, como eles deveriam sentir saudades do Jardim do Éden!

O Deus onisciente sabia da desobediência de Adão antes mesmo que ela houvesse ocorrido e já havia preparado Jesus Cristo e aberto o caminho da salvação para quando a hora chegasse. Todo aquele que for salvo pela fé herdará o Céu, que não pode ser comparado nem mesmo com o Jardim do Éden.

Depois de Jesus haver ressuscitado e subido ao Céu, Ele preparou um lugar de espera onde aqueles que forem salvos poderão ficar até o Juízo Final. Vamos observar o Jardim do Éden e o lugar de espera para melhor entendermos o Céu.

O Jardim do Éden Onde Adão Viveu

Gênesis 2:8-9 explica o Jardim do Éden. Lá o primeiro homem e a primeira mulher criados por Deus, Adão e Eva, viveram.

Ora, o SENHOR Deus tinha plantado um jardim no Éden, para os lados do leste, e ali colocou o homem que formara. Então o SENHOR Deus fez nascer do solo todo tipo de árvores agradáveis aos olhos e boas para alimento. E no meio do jardim estavam a árvore da vida e a árvore do conhecimento do bem e do mal.

O Jardim do Éden foi um lugar onde Adão, um espírito vivente, iria viver e, portanto, teve de ser construído em algum lugar do mundo espiritual. Então, onde ficaria hoje o Jardim do Éden, lar para o primeiro Adão?

A Localização do Jardim do Éden

Deus mencionou "céus" em várias passagens da Bíblia, para que você saiba que existem espaços no mundo espiritual além do céu que você vê com os seus olhos nus. Ele utilizou a palavra "céus", para que você entenda os espaços que pertencem ao mundo espiritual.

Ao SENHOR, o seu Deus, pertencem os céus e até os mais altos céus, a Terra e tudo o que nela existe. (Deuteronômio 10:14).

Mas foi Deus quem fez a Terra com o seu poder, firmou o mundo com a sua sabedoria e estendeu os céus com o seu entendimento. (Jeremias 10:12).

Louvem-no os mais altos céus e as águas acima do firmamento. (Salmos 148:4).

Portanto, você deve entender que "céus" não significa apenas o céu visível aos seus olhos nus. Este é o Primeiro Céu, onde o Sol, a Lua e as estrelas estão localizadas, e existe o Segundo Céu e o Terceiro Céu que pertencem ao mundo espiritual. Em 2 Coríntios 12, Paulo fala sobre o Terceiro Céu. O Céu inteiro, do Paraíso à Nova Jerusalém, é o Terceiro Céu.

Paulo havia sido arrebatado ao Paraíso, onde é o lugar para aqueles que tiveram a mínima fé e que se situa mais distante do Trono de Deus. E lá ele escutou sobre os segredos do Céu. Ainda, ele confessou que eram "coisas que ao homem não é permitido falar."

Então, qual tipo de mundo espiritual é o segundo céu? É diferente do terceiro céu e o Jardim do Éden se situa lá. A maior parte das pessoas pensou que o Jardim do Éden ficava nesta Terra. Muitos estudiosos da Bíblia e pesquisadores realizaram buscas arqueológicas e estudos ao redor da Mesopotâmia e nascentes do rio Eufrates e do rio Tigre, no Oriente Médio. Contudo, eles não descobriram nada até agora. A razão pela qual nada foi descoberto é que o Jardim do Éden fica no mundo espiritual.

O segundo céu também é o lugar para onde os espíritos malignos foram enviados do terceiro céu após a rebelião de Lúcifer. Gênesis 3:24 diz: *"Depois de expulsar o homem, colocou a leste do jardim do Éden querubins e uma espada flamejante que se movia, guardando o caminho para a árvore da vida."* Deus fez isso para prevenir que os espíritos malignos ganhassem a vida eterna ao entrar no Jardim do Éden e comer da árvore da vida.

Os Portões do Jardim do Éden

Agora você não deve pensar que o Segundo Céu está acima do Primeiro Céu e o Terceiro Céu sobre o Segundo Céu. Nós não podemos entender como é a quarta dimensão e dimensões superiores com o conhecimento e compreensão do mundo tridimensional (o mundo que nós enxergamos). Então, como os céus são estruturados? O mundo tridimensional que você vê e os céus espirituais parecem ser separados, mas ao mesmo tempo eles são sobrepostos e conectados. Existem portais que conectam o mundo espiritual (quarta dimensão e dimensões superiores) ao mundo tridimensional (o mundo que nós enxergamos).

Mesmo que não possamos vê-los, portais conectam o Primeiro Céu ao Jardim do Éden no Segundo Céu. Existem também portais que levam ao Terceiro Céu. Esses portais não se localizam muito alto, mas principalmente na altura das nuvens que você pode enxergar para baixo, quando viajando em um avião.

Na Bíblia você pode perceber que existem portais que levam ao Céu (Gênesis 7:11; 2 Reis 2:11; Lucas 9:28-36; Atos 1:9; 7:56). Então, quando um portal do Céu se abre, é possível subir para um céu diferente no mundo espiritual e aqueles que são salvos pela fé podem ir até o Terceiro Céu.

O mesmo vale para o Hades e o Inferno. Esses lugares também pertencem ao mundo espiritual e existem portais para levar a esses lugares também. Portanto, quando uma pessoa sem fé morre, ela vai para o Hades, que pertence ao Inferno, ou diretamente para o Inferno, através desses portais.

As Dimensões Espiritual e Física Coexistem

O Jardim do Éden, que pertence ao Segundo Céu, está no mundo espiritual, mas que é diferente do mundo espiritual do Terceiro Céu. Não é um mundo espiritual completo, porque pode coexistir com o mundo físico.

Em outras palavras, o Jardim do Éden é um estágio intermediário entre o mundo físico e o espiritual. O primeiro homem, Adão, era um espírito vivo, mas ainda possuía o corpo espiritual feito do pó. Então, Adão e Eva se multiplicaram em número lá, dando luz aos filhos da mesma maneira que nós damos (Gênesis 3:16)

Mesmo após o primeiro homem haver comido da árvore do conhecimento do bem e do mal, e ser expulso para o nosso mundo, seus filhos, que permaneceram no Jardim do Éden, estão ainda vivendo até este dia como espíritos, sem haver experimentado a morte. O Jardim do Éden é um lugar com muita paz, onde não há morte. Está sob o controle e poder de Deus, e sob as regras por Ele criadas. Mesmo não havendo lá uma distinção entre o dia e a noite, os descendentes de Adão naturalmente sabem o momento para acordarem, dormirem e assim por diante.

O Jardim do Éden também possui muitas coisas similares a este mundo. Está cheio de plantas, animais e insetos. Também possui uma linda e infinita natureza. Ainda, lá não existem altas montanhas, mas pequenos morros. Nestes morros, existem algumas construções que se parecem com casas, mas as pessoas somente descansam, ou seja, não vivem nestes edifícios.

Lugar de Férias Para Adão e Seus Filhos

O primeiro homem, Adão, viveu por um longo tempo no Jardim do Éden, multiplicando-se e gerando filhos. Como Adão e seus filhos eram espíritos viventes, eles podiam descer até a Terra livremente, através dos portais do Segundo Céu.

Já que Adão e seus filhos visitavam a Terra como seu local de férias por muito tempo, você deveria perceber que a história do homem é muito longa. Alguns confundem esta história com a história de 6.000 anos do homem e não crêem na Bíblia.

Se você observar as antigas civilizações cuidadosamente, contudo, você perceberá que Adão e seus filhos tinham por costume descer a este planeta. As pirâmides e a Esfinge de Gizé, no Egito, por exemplo, são pegadas de Adão e de seus filhos que viveram no Jardim do Éden. Tais pegadas, encontradas por todo o mundo, foram construídas com ciência e tecnologia muito mais avançadas que não podem ser imitadas até mesmo com o moderno conhecimento de hoje.

Por exemplo, as Pirâmides contêm maravilhosos cálculos e conhecimentos matemáticos, geométricos e astronômicos que você somente consegue entender com estudos avançados. Eles contêm vários segredos que você somente pode compreender quando conhece o universo e seu ciclo. Algumas pessoas atribuem aos feitos destas misteriosas civilizações antigas as pegadas dos alienígenas do espaço exterior, mas com a Bíblia você pode resolver estes enigmas que mesmo a ciência não consegue entender.

As Pegadas da Civilização do Éden

Adão, no Jardim do Éden, tinha uma magnitude inimaginável de conhecimentos e de habilidades. Isso era resultado de Deus haver ensinado a Adão o verdadeiro conhecimento, e tal conhecimento e compreeensão se acumularam e se desenvolveram ao longo do tempo. Então, para Adão, que conhecia tudo sobre o universo e, por conseqüência, a Terra, não seria nada difícil construir as Pirâmides e a Esfinge. Desde que Deus ensinou a Adão diretamente, o primeiro homem soube de coisas que você ainda não sabe ou ao menos imagina alcançar com a ciência moderna.

Algumas pirâmides foram construídas pela habilidade e conhecimento de Adão, mas outras foram construídas por seus filhos, e outras ainda foram construídas por pessoas deste mundo que tentaram imitar as pirâmides de Adão depois de um longo tempo. Todas estas pirâmides possuem diferenças tecnológicas distintas. Por isso somente Adão possuía a autoridade dada por Deus para dominar toda a criação

Adão viveu por um longo tempo no Jardim do Éden, ocasionalmente descendo a este mundo, mas foi expulso de lá depois de haver cometido o pecado da desobediência. Contudo, Deus não fechou os portões que conectam a terra e o Jardim do Éden por algum tempo depois disso.

Portanto, os filhos de Adão que ainda viviam no Jardim do Éden desciam à Terra livremente, e como eles vinham constantemente, eles começaram a tomar as filhas do homem como suas esposas (Gênesis 6:1-4).

Então Deus fechou os portões do céu que conectavam a Terra ao Jardim do Éden. Ainda assim, a passagem ainda não havia sido fechada completamente, mas foi colocada sob um controle estrito como nunca antes havia sido feito. Você deve perceber que a maior parte dos mistérios não resolvidos das civilizações antigas são pegadas de Adão e seus filhos, deixadas durante o tempo em que era possível viajar livremente para a Terra.

A História do Homem e dos Dinossauros Neste Mundo

Por que então os dinossauros viveram na terra e foram repentinamente extintos? Esta também é uma das mais importantes evidências que nos contam o quão antiga é a civilização humana. Este é um segredo que só pode ser resolvido à luz da Bíblia.

Deus havia, na verdade, colocado os dinossauros no Jardim do Éden. Eles eram dóceis, mas foram trazidos para este mundo, porque caíram na armadilha do diabo durante o período em que Adão podia viajar livremente para este mundo e para o Jardim do Éden. Conseqüentemente os dinossauros, que foram forçados a viver neste mundo, tinham que constantemente procurar por comida. Diferentemente do tempo em que viveram no Jardim do Éden, onde tudo era abundante, este mundo não podia produzir comida suficiente para os corpos enormes dos dinossauros. Eles comeram todas as frutas, grãos, plantas, então começaram a comer outros animais. Eles estavam por destruir o meio ambiente e a cadeia alimentar. Deus finalmente decidiu que Ele não poderia mais manter os dinossauros neste mundo e os exterminou com fogo vindo do céu.

Hoje, muitos estudiosos afirmam que os dinossauros viveram neste planeta por um longo tempo. Eles dizem que os dinossauros viveram por mais de 160.000.000 anos. Contudo, nenhum deles explica com satisfação como tantos dinossauros vieram a aparecer tão repentinamente e se extinguiram de uma vez. Se os dinossauros evoluíram por tanto tempo, como eles poderiam continuar comendo?

De acordo com a teoria da evolução, antes de os dinossauros aparecerem, muitas outras espécies inferiores de seres vivos teriam de ter vivido aqui, mas ainda não há uma simples prova disso. Normalmente, quando uma espécie se extingue, ela primeiro diminui, para depois ser extinta. Os dinossauros, porém, desapareceram de uma vez.

Cientistas argumentam que isto é resultado de uma mudança brusca no clima, um vírus, radiação causada pela explosão de outra estrela, ou a colisão de um meteoro com a Terra. Ainda assim, se uma mudança fosse suficientemente catastrófica para matar todos os dinossauros, todos os outros seres vivos e plantas deveriam ser exterminados também. Como outras plantas, aves e todos os outros animais continuam vivos até hoje, a realidade contradiz a teoria da evolução.

Mesmo antes dos dinossauros aparecerem sobre a Terra, Adão e Eva viveram no Jardim do Éden, às vezes descendo até a Terra. Você deve entender que a história da Terra é muito longa.

Você pode ver mais detalhes em minha mensagem "Lições do Gênesis". De agora em diante eu explicarei a bela natureza do Jardim do Éden.

A Bela Natureza do Jardim do Éden

Imagine-se deitado de lado em uma planície cheia de flores e árvores verdejantes, recebendo a luz, que delicadamente cobre o seu corpo inteiro, e olhando para o céu azul, com brancas nuvens distribuídas em inúmeras formas.

Um lago brilha belamente lá em baixo e uma brisa gentil,

contendo doces fragrâncias de flores, passa por você levemente. Você pode ter deliciosas conversas com aqueles a quem você ama, e sentir alegria. Algumas vezes você pode se deitar em pastos verdejantes ou em um jardim florido e sentir a doce fragrância das flores lhe tocar gentilmente. Você também pode se deitar sobre a sombra de uma árvore que carrega muitos grandes e suculentos frutos e comer deles o quanto quiser.

No lago e no mar existem muitos tipos de peixes coloridos. Se você quer, você pode ir à praia mais próxima e aproveitar as refrescantes ondas ou a areia branca que brilha sob o sol. Ou se quiser, você pode até mesmo nadar como os peixes.

Um simpático alce, coelhos e esquilos com belos e brilhantes olhos vêm até você e brincam. Em uma outra planície, muitos animais estão brincando uns conm os outros pacificamente.

Este é o Jardim do Éden, onde há plenitude de paz e alegria. Muitas pessoas neste mundo deixariam prontamente suas vidas ocupadas e buscariam esta paz e serenidade.

Vida Abundante no Jardim do Éden

As pessoas no Jardim do Éden podem comer e aproveitar o quanto queiram e nunca precisam trabalhar. Não existem preocupações, cuidados, ansiedade e a vida é cheia de alegria, deleite e paz. Como tudo é administrado pelas regras e ordens de Deus, as pessoas aproveitam a vida eterna mesmo sem trabalhar.

No Jardim do Éden, que possui um meio-ambiente similar ao desta Terra, a maior parte das belezas que existem na Terra existem lá também. Ainda mais, como elas não ficam poluídas e não se alteram com o tempo, elas mantêm sua bela natureza, diferentemente desta Terra.

E também, como as pessoas no Jardim do Éden não possuem o costume de usar roupas, elas não se sentem envergonhadas ou adúlteras, pois não possuem a natureza pecaminosa e o mal em seus corações. É como se um recém-nascido brincasse livremente, completamente despreocupado e alheio ao que os outros possam dizer ou pensar.

O meio-ambiente do Jardim do Éden é adaptável para as pessoas, mesmo se elas não usam nenhuma roupa, pois elas não sentem nenhum mal ou ferida por estarem nuas. É tudo tão bom porque não existem insetos que picam ou mesmo espinhos para machucar a nossa pele!

Algumas pessoas usam roupas. São líderes de um certo número de grupos. Existem também regras e ordens no Jardim do Éden. Em um grupo existe um líder a quem os outros membros seguem e obedecem. Estes líderes usam roupas diferentemente dos outros, mas apenas com o propósito de mostrarem sua posição, e não com o objetivo de se cobrirem, protegerem, ou se decorarem.

Gênesis 3:8 mostra uma mudança de temperatura no Jardim do Éden: *"Ouvindo o homem e sua mulher os passos do SENHOR Deus que andava pelo jardim quando soprava a brisa fria do dia, esconderam-se da presença do SENHOR Deus entre as árvores do jardim."* Você pode perceber que as pessoas sentem frio no Jardim do Éden. Ainda assim isto não significa que eles têm que suar em um dia de calor sufocante ou tremer descontroladamente em um dia frio como eles fariam neste planeta.

O Jardim do Éden sempre tem o mais confortável nível de temperatura, umidade, vento. Então, não há o desconforto causado pelas mudanças no clima.

Então, o Jardim do Éden também não possui dia ou noite. Está sempre cercado com a luz de Deus e assim você sempre se sente como se fosse dia. As pessoas têm tempo para descansar e elas diferenciam o momento de descansar e de realizar suas atividades pela mudança de temperatura.

Esta mudança de temperatura, contudo, não significa um aumento ou diminuição drástica que faça com que as pessoas sintam calor ou frio repentinamente. Mas sentir-se-ão confortáveis ao descansar sob uma brisa gentil.

As Pessoas São Cultivadas na Terra

O Jardim do Éden é tão amplo que você não consegue nem mesmo imaginar o seu tamanho. É bilhões de vezes maior que a Terra. O Primeiro Céu, onde pessoas podem apenas viver por setenta ou oitenta anos, parece ser sem fim, estendendo-se a outras galáxias além do nosso sistema solar. Quão maior seria o Jardim do Éden, onde as pessoas se multiplicam sem conhecer a morte, comparado com o Primeiro Céu?

Ao mesmo tempo, não importa quão lindo, abundante e grande seja o Jardim do Éden, ele nunca pode ser comparado a outro lugar do Céu. A vida eterna no Jardim do Éden é muito diferente da vida eterna no Céu.

Portanto, através de um exame no plano de Deus e de como um número de passos de Adão foram dados fora do Jardim do Éden e cultivados nesta Terra, você verá como o Jardim do Éden difere do lugar de espera do Céu.

A Arvore do Conhecimento do Bem e do Mal no Jardim do Éden

O primeiro homem, Adão, podia comer tudo o que quisesse, dominar sobre a criação e viver eternamente no Jardim do Céu. Ainda, se você ler Gênesis 2:16-17, Deus ordena ao homem: *"E o SENHOR Deus ordenou ao homem: 'Coma livremente de qualquer árvore do jardim, mas não coma da árvore do conhecimento do bem e do mal, porque no dia em que dela comer, certamente você morrerá'"*. Mesmo Deus havendo dado a Adão uma tremenda autoridade para dominar sobre toda a criação e o livre arbítrio, Ele proibiu estritamente que Adão comesse da árvore do conhecimento do bem e do mal. No Jardim do Éden existem muitos tipos de frutas coloridas, lindas e deliciosas que não podem ser comparadas às frutas deste mundo. Deus deu todas as frutas para que Adão as controlasse, então Adão podia comê-las o quanto quisesse.

O fruto da árvore do conhecimento do bem e do mal, entretanto, era uma exceção. Através disso você deve entender que mesmo que Deus já soubesse que Adão iria comer deste fruto, Ele não largou Adão livre para cometer este pecado. Como muitas pessoas não entendem, se Deus quisesse testar Adão, ao colocar a árvore do conhecimento do bem e do mal, sabendo que Adão iria desobedecer, Ele não teria ordenado a Adão tão firmemente para que não comesse. Você pode ver então que Deus não colocou a árvore propositadamente para que Adão comesse dela ou para testá-lo.

Como está escrito em Tiago 1:13: *"Quando alguém for tentado, jamais deverá dizer: 'Estou sendo tentado por Deus'. Pois Deus não pode ser tentado pelo mal, e a ninguém tenta."* Deus não tenta ninguém.

Então, por que Deus colocou a árvore do conhecimento do bem e do mal no Jardim do Éden?

Se você pode se sentir alegre, feliz ou satisfeito, é porque você experimentou o oposto, ou seja, tristeza, dor e frustração. Da mesma forma, se você sabe que bondade, verdade e luz são boas, é porque você já experimentou que a maldade, mentira e as trevas são más.

Se você nunca passou por esta variação, você não pode sentir em seu coração como a bondade, o amor e a felicidade são, mesmo que houvesse ouvido falar de como são tais sentimentos.

Por exemplo, uma pessoa que nunca passou por doença ou viu alguém doente sentir dor, ela nem mesmo saberia o que é estar saudável. Da mesma forma, como poderia uma pessoa que nunca passou necessidade e nunca conheceu alguém que houvesse passado por isso, saber sobre pobreza? Esta pessoa não sentiria o quanto é "bom" ser rico, não importa quão rico fosse. Da mesma maneira, alguém que não houvesse experimentado pobreza, nunca poderia ter um coração verdadeiramente agradecido.

Se alguém não conhece o valor das coisas boas que possui, nunca saberá o valor da alegria que possui. Contudo, se alguém experimentou a dor da doença e o choro da pobreza, ela poderia ser grata em seu coração pela felicidade de ser rico e saudável. Esta é a razão pela qual Deus colocou a árvore do conhecimento do bem e do mal.

Portanto, Adão e Eva, que foram expulsos do Jardim do Éden, experimentaram esta variação e perceberam o amor e cuidado que Deus possui por eles. Somente quando eles se tornaram verdadeiros filhos de Deus, eles conheceram o valor da verdadeira felicidade e vida.

Contudo, Deus não quis levar Adão por aquele caminho propositadamente. Adão escolheu desobedecer a Deus em seu livre arbítrio. Em seu próprio amor e retidão, Deus havia planejado a humanidade.

O Cuidado de Deus Pela Humanidade

Quando as pessoas do Jardim do Éden foram expulsas de lá e começaram a cultivar neste mundo, elas tiveram que experimentar todos os tipos de sofrimentos como lágrimas, choro, dor, doença e morte. Mas isso as levou a sentir a verdadeira alegria e a aproveitar a vida eterna no Céu, para sua imensa gratidão.

Portanto, tornar-nos verdadeiras crianças através desse cultivo da humanidade é somente um exemplo do maravilhoso amor e plano de Deus. Pais não pensariam que ensinar e até às vezes punir seus filhos é perda de tempo, se isso resultasse no sucesso deles. Da mesma maneira, se os filhos acreditassem no sucesso e glória que receberiam no futuro, eles seriam mais pacientes e passariam por situações difíceis e obstáculos.

Da mesma maneira, se você pensar na felicidade verdadeira do Céu, passar pelo mundo e suas adversidades não será tão difícil. Ao invés disso, você seria grato por poder viver de acordo com a Palavra de Deus, porque você esperaria pela glória que receberá no futuro.

Portanto, por quem Deus teria maior carinho – aqueles que são realmente gratos a Deus depois de haverem passado por muitas dificuldades neste mundo, ou por aqueles no Jardim do Céu que não apreciaram realmente o que têm, mesmo vivendo em um lugar tão lindo e abundante?

Deus cultivou Adão, que fora expulso do Éden, e cultiva seus descendentes na Terra para fazer deles Seus verdadeiros filhos. Quando esse cultivo terminar e as casas estiverem prontas no Céu, o Senhor voltará. Se você for viver no céu, você terá uma alegria eterna, porque mesmo o mais baixo nível do Céu não pode ser comparado à beleza do Jardim do Éden.

Portanto, vocês deveriam perceber o cuidado de Deus ao cultivar a humanidade e fazer todos se tornarem seus verdadeiros filhos que agem de acordo com a Sua palavra.

O Lugar de Espera Para o Céu

Os descendentes de Adão, que desobedeceram a Deus, estão destinados a morrer e, após isso, passar pelo dia do Juízo (Hebreus 9:27). Ainda assim, os espíritos dos homens são imortais, então eles têm que ir para o céu ou o inferno.

Contudo, eles não vão para o Céu ou o inferno diretamente, mas permanecem no lugar de espera para o Céu ou o inferno. Que tipo de lugar, então, é o lugar de espera para o Céu?

O Nosso Espírito Deixa o Corpo no Fim

Quando uma pessoa morre, o seu espírito se separa do corpo. Depois da morte, qualquer um que não saiba esta verdade ficará muito surpreso ao se ver deitado em um leito, enquanto se afasta de seu próprio corpo. Mesmo para nós, que acreditamos nesta verdade, será uma sensação estranha.

Se você for para o mundo quadridimensional, saindo do mundo tridimensional em que vivemos, tudo parecerá muito diferente. O corpo se sente muito leve e você tem a sensação de estar flutuando. Mesmo assim, você ainda não terá liberdade ilimitada, mesmo depois que o seu espírito se separar do corpo.

Assim como filhotes de pássaros não podem voar imediatamente, mesmo tendo nascido com asas, você ainda necessitará de um certo tempo para se adaptar ao mundo espiritual e aprender o básico.

Então, aqueles que morrem com fé em Cristo Jesus são ajudados por dois anjos, para irem ao além túmulo. Lá eles aprendem sobre a vida no Céu, pelos anjos ou pelos profetas.

Se você ler a Bíblia, perceberá que existem dois tipos de túmulos. Os patronos da fé como Jacó e Jó dizem que eles irão para o túmulo depois de mortos (Gênesis 37:35; Jó 7:9). Corá e seu grupo que se opuseram a Moisés, um homem de Deus, foram tragados pela sepultura, enquanto vivos (Números 16:33).

Lucas 16 mostra um homem rico e um mendigo chamado Lázaro, ambos indo à sepultura depois de mortos, mas percebe-se que eles não estão na mesma "sepultura". O homem rico sofre muito mais no fogo, enquanto Lázaro descansa no seio de Abraão.

Da mesma maneira, existe uma sepultura para aqueles que são salvos e uma sepultura para os que não são salvos. A sepultura que tragou Corá e seu grupo é a mesma para onde foi o homem rico, ou seja, o Hades, que pertence ao inferno, mas a sepultura para a qual Lázaro foi pertence ao Céu.

A Espera de Três Dias Além da Sepultura

Durante os tempos do Velho Testamento, aqueles que eram salvos esperavam além da sepultura. Uma vez que Abraão, o patrono da fé, ficou a cargo do além da sepultura, o mendigo Lázaro foi para o seu lado em Lucas 16. Contudo, depois que o Senhor ressuscitou e subiu ao Céu, aqueles que são salvos não vão para além da sepultura, para o seio de Abraão mais. Eles ficam no além por três dias, e então vão para o seu lugar próprio no Paraíso. Ou seja, eles estarão com o Senhor no lugar de espera para o Céu.

Como Jesus disse em João 14:2: *"Na casa de meu Pai há muitos aposentos; se não fosse assim, eu lhes teria dito. Vou preparar-lhes lugar."* Depois de sua ressurreição e ascensão ao Céu, nosso Senhor tem preparado um lugar para cada um de nós, os crentes. Ademais, desde que o Senhor começou a preparar lugares para os filhos de Deus, aqueles que são salvos têm permanecido no lugar de espera do Céu, em algum lugar do Paraíso.

Alguns imaginam como tantos salvos desde a criação podem viver no Paraíso, mas não há por que se preocupar. Mesmo o sistema solar ao qual pertence a Terra é apenas um ponto comparado à nossa galáxia. Então, quão grande é a Galáxia! Comparada com o universo inteiro, a galáxia é um mero ponto. Então, quão grande é o universo!

Tanto mais, este universo é um dos vários, então é impossível imaginar o tamanho do universo inteiro. Se este mundo físico já é imenso, imagine quanto maior é o mundo espiritual.

O Lugar de Espera do Céu

Então, que tipo de lugar é o lugar de espera do Céu, onde aqueles que são salvos ficam depois de três dias no além?

Quando as pessoas vêem um lindo cenário, elas dizem: "este é o Paraíso na Terra," ou "é como o Jardim do Éden!" O Jardim do Éden, contudo, não pode ser comparado com qualquer beleza neste mundo. As pessoas, no Jardim do Éden, vivem uma maravilha tão grande, uma vida de sonho cheia de alegria, paz e regozijo. Ainda por cima, o Jardim do Éden somente parece bom para quem vive na Terra. Uma vez que você for ao Céu, você irá imediatamente pensar o mesmo.

Assim como o Jardim do Éden não pode ser comparado a esta Terra, o Céu não pode ser comparado ao Jardim do Éden. Existe uma diferença fundamental entre a alegria no Jardim do Éden, que pertence ao Segundo Céu, e a alegria no lugar de espera do

Paraíso, no Terceiro Céu. Isto se deve ao fato de que as pessoas no Jardim do Éden não são realmente filhas de Deus, cujos corações Ele tem cultivado.

Deixe-me ilustrar um exemplo para ajudá-lo a compreender isso melhor. Antes que houvesse eletricidade, os nossos ancestrais utilizavam lâmpadas de querosene. Estas lâmpadas eram tão escuras, comparadas às luzes elétricas que temos hoje, mas foram uma grande novidade para quem não possuía luzes à noite. Depois que as pessoas desenvolveram e aprenderam a usar a luz elétrica, contudo, também foi uma grande novidade. Para aqueles que estavam acostumados à luz de querosene, as luzes elétricas eram tão impressionantes que os fizeram se esquecer da luz de querosene.

Se você diz que viver nesta Terra é como viver na completa escuridão, você pode dizer que o Jardim do Éden é onde se utilizam luzes de querosene, e o Céu é o lugar com luzes elétricas. Assim como a luz de querosene é completamente diferente da luz elétrica, o lugar de espera do Céu é completamente diferente do Jardim do Éden.

O Lugar de Espera Localizado no Final do Paraíso

O lugar de espera do Céu se localiza no final do Paraíso. Paraíso é o lugar para aqueles que têm a menor quantidade de fé e também mais distante do Trono de Deus. É um lugar imenso.

Aqueles que estão esperando no final do Paraíso estão aprendendo conhecimentos espirituais dos profetas. Eles aprendem sobre a Trindade, o Céu, as regras do mundo espiritual, etc. A extensão de tal conhecimento é infinita, portanto não há fim para este aprendizado. Ainda assim, aprender sobre as coisas espirituais nunca é monótono ou difícil, diferentemente de alguns conhecimentos deste mundo. Quanto mais você aprende, mais emocionado você se torna e tudo é muito agradável.

Mesmo nesta Terra, aqueles que têm corações puros e limpos podem se comunicar com Deus e obter conhecimento espiritual. Algumas destas pessoas podem ver o mundo espiritual porque seus olhos espirituais estão abertos. Então, algumas pessoas podem perceber as coisas espirituais pela inspiração do Espírito Santo. Elas podem aprender sobre fé ou as regras de como ser respondido em suas orações, ou seja, mesmo no mundo físico, elas experimentam o poder de Deus que pertence ao espiritual.

Se você pode aprender sobre o espiritual e experimentar estas coisas neste mundo físico, você irá se tornar mais enérgico e feliz. Então, quanto mais você aprender sobre as coisas espirituais em profundidade, estando no lugar de espera do Céu, mais alegre e feliz você se tornará.

Escutando as Notícias Deste Mundo

Que tipo de vida as pessoas levam no lugar de espera do Céu? Elas experimentam a verdadeira paz e esperam ir para os lares eternos no Céu. Elas não sentem a falta de nada, aproveitam a felicidade e o deleite. Elas não ficam simplesmente jogando o tempo fora, mas continuam a aprender muitas coisas dos anjos e dos profetas.

Entre eles, existem líderes escolhidos e eles vivem em ordem. Eles são proibidos de descer a este mundo, então eles sempre ficam curiosos sobre o que está acontecendo aqui. Eles não ficam curiosos sobre as coisas deste mundo, mas ficam curiosos sobre as questões relacionadas ao reino de Deus, tais como "Como está a igreja da qual fui membro? Quanto de sua missão já foi cumprida? Como está o ministério de missões dela?"

Então eles ficam muito felizes quando escutam as notícias deste mundo através dos anjos que podem descer até aqui, ou dos profetas, na Nova Jerusalém.

Deus, uma vez, me revelou alguns dos membros de minha igreja, que estão neste momento no lugar de espera do Céu. Eles estão orando em lugares separados e esperando novidades sobre a minha igreja. Eles estão especialmente interessados na missão dada à minha igreja, que é a missão mundial e a construção do Grande Santuário. Eles ficam muito felizes sempre que escutam boas notícias. Então, quando eles escutam as novidades sobre a glorificação de Deus através de nossas cruzadas internacionais, eles ficam tão felizes e contentes, que realizam um festival.

Da mesma forma, pessoas no lugar de espera do Céu estão passando momentos felizes e deleitosos, às vezes escutando notícias deste mundo.

Estrita Ordem no Lugar de Espera do Céu

Pessoas em níves diferentes de fé, que entrarão em lugares diferentes dentro do Céu depois do dia do Juízo, todas ficam no lugar de espera para o Céu, mas as ordens são mantidas exatamente iguais. Pessoas que possuem menos fé mostram o seu respeito àquelas que tiveram mais fé, curvando suas cabeças. Ordens espirituais não são decididas baseadas na posição das pessoas neste mundo, mas pela extensão da santificação e fidelidade em suas missões dadas por Deus.

Dessa forma, ordens são mantidas estritas porque o Deus da retidão reina sobre o Céu. Desde que a ordem é decidida, baseada na claridade da luz, na extensão da bondade e na magnitude do amor de cada crente, ninguém pode reclamar. No Céu, todos obedecem às ordens espirituais porque não há mal nas mentes dos salvos.

Contudo, esta ordem e os diferentes tipos de glória não são feitos para obediência forçada. Tudo é feito em conseqüência do amor e respeito dos corações verdadeiros e sinceros. Portanto, na sala de espera do Céu, eles respeitam todos aqueles que estão na frente deles em coração e mostram o seu respeito curvando suas cabeças, pois eles naturalmente sentem a diferença espiritual.

As pessoas Que Não Precisarão Esperar

Todas as pessoas que entraram em seus lugares respectivos no céu, após o Juízo Final, estão atualmente no final do Paraíso, o lugar de espera do Céu. Existem, contudo, algumas exceções. Aqueles que estão para ir para a Nova Jerusalém, o lugar mais lindo do Céu, irão diretamente para a Nova Jerusalém e ajudarão a Deus em Seu trabalho. Estas pessoas que possuem o coração de Deus, que é claro e lindo como o cristal, estão vivendo no amor e cuidado de Deus.

Eles Ajudarão o Trabalho de Deus na Nova Jerusalém

Onde nossos patronos da fé, santificados e fiéis em toda a casa de Deus, tais como Elias, Enoque, Abraão, Moisés, e o apóstolo Paulo, estariam agora? Eles estão no final do Paraíso, o lugar de espera do Céu? Não. Como estas pessoas estão completamente santificadas e refletem o coração de Deus completamente, elas já estão na Nova Jerusalém. Ainda, porque o Juízo não ocorreu, elas não podem ir para suas respectivas casas eternas em construção.

Então, onde, na Nova Jerusalém, elas estão? Na Nova Jerusalém, que tem mil e quinhentas milhas de largura, comprimento e altura, existem alguns lugares espirituais de dimensões diferentes. Existe um lugar para o Trono de Deus, alguns lugares onde casas estão sendo construídas e outros lugares onde os patronos da fé já estão na Nova Jerusalém, esperando pelo dia quando eles entrarão em seus lugares eternos, enquanto ajudam com o trabalho de Deus, com o Senhor, na preparação de nossos lugares. Eles querem muito entrar em suas moradas eternas porque eles somente poderão entrar lá depois da Segunda Vinda de Jesus Cristo pelo ar, a festa de casamento de sete anos e o milênio nesta terra.

O apóstolo Paulo, que era cheio de esperança pelo Céu, confessou o seguinte em 2 Timóteo 4:7-8.

Combati o bom combate, terminei a corrida, guardei a fé. Agora me está reservada a coroa da justiça, que o

*Senhor, justo Juiz, me dará naquele dia; e não somente
a mim, mas também a todos os que amam a sua vinda.*

Aqueles que estão lutando a boa luta e esperando pelo retorno
do Senhor têm uma esperança definitiva por um lugar e uma
recompensa no Céu. Este tipo de fé e esperança podem aumentar
se você conhecer mais sobre o mundo espiritual e, por isso, estou
explicando o Céu em detalhes.

O Jardim do Éden, no Segundo Céu ou o lugar de espera no
Terceiro Céu é ainda mais lindo que este mundo, mas mesmo
estes lugares não podem ser comparados à glória e esplendor da
Nova Jerusalém que contém o Trono de Deus.

Portanto, eu oro, em nome do Senhor, para que você não
somente corra na direção da Nova Jerusalém, com o tipo de fé e
esperança que o apóstolo Paulo tinha, mas também leve muitas
almas no caminho da salvação, ao espalhar o evangelho, mesmo
que tal missão exija a sua vida.

Capítulo 3

A Festa de Casamento de Sete Anos

*"Felizes e santos os que participam da
primeira ressurreição!
A segunda morte não tem poder sobre eles;
serão sacerdotes de Deus e de Cristo,
e reinarão com ele durante mil anos."*

- Apocalipse 20:6

Antes de você receber sua recompensa e começar a vida eterna no céu, você passará pelo julgamento do Trono Branco. Antes do grande Dia do Juízo, haverá o segundo Advento do Senhor, as bodas de sete anos, a vinda do Senhor e o Milênio.

Tudo isso é o que Deus tem preparado para confortar os Seus filhos queridos que mantiveram sua fé nesta terra, provando assim o sabor do Céu.

Portanto, aqueles que creram na segunda advinda do Senhor e esperaram encontrá-Lo, Ele, sendo o nosso noivo, preparará a festa de casamento de sete anos e o Milênio. A Palavra de Deus escrita na Bíblia é verdadeira e todas as profecias estão sendo cumpridas hoje.

Você deveria ser uma pessoa mais sábia, crer nisso e se preparar como Sua noiva, percebendo que, se você não estiver preparado e não viver de acordo a com a Palavra de Deus, o Dia do Juízo virá como um ladrão e você será entregue à morte.

Vejamos em detalhes as coisas maravilhosas que os filhos de Deus experimentarão antes de irem para o Céu, que é tão claro e lindo como o cristal.

O Retorno de Jesus e a Festa de Casamento de Sete Anos

O apóstolo Paulo escreve em Romanos 10: 9: *"Se você confessar com a sua boca que Jesus é Senhor e crer em seu coração que Deus o ressuscitou dentre os mortos, será salvo."* Para obter a salvação, você deve não somente confessar que Jesus Cristo é o seu Salvador, mas também crer de todo seu coração que ele morreu e ressuscitou dos mortos.

Se você não acredita na ressurreição de Jesus, você não pode crer na sua própria ressurreição e na segunda vinda do Senhor. Você nem mesmo será capaz de crer no retorno do Senhor. Se você não crer na existência do céu e do inferno, então você não terá a força para viver de acordo com a Palavra de Deus e não receberá a salvação.

A Meta Final da Vida Cristã

Está escrito em 1 Coríntios 15:19: *"Se é somente para esta vida que temos esperança em Cristo, somos, de todos os homens, os mais dignos de compaixão."* Os filhos de Deus, diferentemente dos não-crentes, vão à igreja, comparecem aos cultos e servem ao Senhor de várias maneiras todos os domingos. Para viver de acordo com a Palavra de Deus, eles freqüentemente jejuam e oram corajosamente no santuário de Deus, cedo, pela manhã, ou tarde da noite, mesmo quando precisam descansar.

Da mesma forma, eles não buscam o seu próprio benefício, mas servem aos outros e se sacrificam pelo reino de Deus. É por isso que, caso não houvesse Céu, os fiéis seriam tratados com compaixão. Assim mesmo, é certo que o Senhor voltará para nos levar ao Céu e Ele está preparando um lindo lugar para você. Ele vai recompensá-lo de acordo com o que você fez e semeou neste mundo.

Jesus diz em Mateus 16:27: *"Pois o Filho do homem virá na glória de seu Pai, com os seus anjos, e então recompensará a cada um de acordo com o que tenha feito."* Aqui, "recompensará a cada um de acordo com o que tenha feito" não significa simplesmente ir para o céu ou inferno. Mesmo entre os crentes que irão para o céu, a recompensa e a glória recebidas serão diferentes de acordo com a forma com que eles viveram neste mundo.

Alguns têm medo quando escutam que o Senhor está voltando logo. Por outro lado, se você realmente ama ao Senhor e espera pelo Céu, é natural que você espere ansiosamente encontrar com Ele o quanto antes. Se você confessa com seus lábios: "eu te amo, Senhor," mas tem medo ou mesmo não gosta de escutar que o Senhor está voltando logo, não se pode dizer que você realmente ama ao Senhor.

Portanto, você deve receber o Senhor, o seu noivo, com a alegria de quem aguarda ansiosamente pela sua segunda vinda em seu coração, preparando-se como uma noiva.

O Segundo Encontro Com O Senhor Nos Ares

Está escrito em 1 Tessalonissenses 4:16-17: *"Pois, dada a ordem, com a voz do arcanjo e o ressoar da trombeta de Deus, o próprio Senhor descerá dos céus, e os mortos em Cristo ressuscitarão primeiro. Depois nós, os que estivermos vivos, seremos arrebatados com eles nas nuvens, para o encontro com o Senhor nos ares. E assim estaremos com o Senhor para sempre."*

Quando o Senhor retornar novamente nos ares, cada filho de Deus se transformará em um corpo espiritual e receberá o Senhor nos ares. Existem pessoas que foram salvas e morreram. Seus corpos estão enterrados, mas seus espíritos estão esperando no Paraíso. Nós nos referimos a essas pessoas como aquelas que "descansam no Senhor."

Seus espíritos combinarão com os seus novos corpos espirituais que foram transformados dos seus antigos e enterrados corpos. Eles serão seguidos por aqueles que receberão o Senhor sem ver a morte, simplesmente sendo transformados em corpos espirituais, e serão arrebatados.

Deus Nos Dará um Banquete de Casamento Nos Ares

Quando o Senhor retornar dos céus, todos os que foram

salvos, desde os tempos da criação, receberão o Senhor como o seu noivo. Neste momento começarão as bodas do Cordeiro, para o conforto dos Seus filhos salvos pela fé. E eles certamente receberão mais tarde as recompensas no Céu pelos seus feitos, mas, naquele momento, Deus dará um banquete nos céus para confortar todos os Seus filhos.

Por exemplo, se um general retorna de um grande triunfo, o que o seu rei faria? Ele daria ao general muitos tipos de recompensas pelos seus distintos serviços. O rei poderia dar-lhe uma casa, terras, dinheiro, mas também um banquete para compensá-lo pelos seus serviços.

Da mesma maneira, Deus dá aos Seus filhos um lugar para morar e recompensas no Céu depois do Dia do Juízo mas, antes disso, ele dará aos seus um banquete, uma festa de casamento, ou seja, um momento de regozijo e alegria compartilhado entre o Seu povo.

Portanto, a qual lugar se refere a expressão "nos ares" onde será dado este banquete? O lugar referido não é o Céu visível aos nossos olhos nus. Se este lugar fosse o céu que nós vemos, ou seja, o céu do nosso planeta, não haveria espaço suficiente para todos os salvos, desde o tempo da criação.

Ainda por cima, o banquete terá sido muito bem planejado e preparado, pois Deus pessoalmente irá prover o conforto aos Seus. Existe um lugar que Deus preparou há muito tempo. Este lugar é o lugar a que se refere a expressão "nos ares," que Deus preparou para as bodas do Cordeiro, e este lugar é o Segundo Céu.

Os "Ares" Pertencem ao Segundo Céu

Efésios 2:2 fala do tempo *"nos quais costumavam viver, quando seguiam a presente ordem deste mundo e o príncipe do poder do ar, o espírito que agora está atuando nos que vivem na desobediência."* Então o "ar" também é um lugar onde os espíritos têm autoridade.

Contudo, o lugar onde acontecerá a festa de casamento e o lugar onde os espíritos malignos existem não é o mesmo. A razão para o uso da mesma expressão "ar" é usada porque ambas pertencem ao Segundo Céu. Ainda, mesmo o Segundo Céu não é um lugar único, mas dividido em algumas áreas. Então, o lugar onde ocorrerá a festa de casamento e o lugar onde os espíritos habitam são separados.

Deus fez um novo reino espiritual chamado o Segundo Céu, usando uma parte do universo espiritual. Então Ele dividiu o Segundo Céu em duas áreas. Uma é o Eden, que é uma área da luz pertencente a Deus, e a outra área é a escuridão que Deus permitiu aos espíritos malignos freqüentarem.

Deus fez o Jardim do Éden, onde Adão estaria até a vinda do homem para o mundo e o cultivo do homem começasse, no leste do Éden. Deus tomou Adão e o colocou em seu Jardim. Então, Deus permitiu aos espíritos malignos habitarem lá. Esta área de escuridão e o Éden são estritamente separados.

O Lugar da Festa de Casamento

Então, onde será dada a festa de casamento? O Jardim do Éden é apenas uma parte do Éden, e existem outros vários espaços no lá. Em um destes espaços, Deus separou um lugar para as bodas.

O lugar onde a festa de casamento de sete anos será dada é muito mais lindo que o Jardim do Éden. Existem flores e árvores muito lindas. Luzes de várias cores brilham e uma natureza indescritível e limpa cerca o lugar.

Então, é tão vasto porque todos aqueles que têm sido salvos desde a criação terão um banquete juntos. Existe um grande castelo lá, e é grande o suficiente para que todos os que sejam convidados ao banquete possam entrar. O banquete será dado neste castelo e acontecerão inimagináveis momentos felizes. Agora, eu gostaria de convidá-lo para a festa de casamento de sete anos. Eu espero que você possa sentir a alegria de ser a noiva do Senhor, que é a convidada de honra do banquete.

Encontrando Com o Senhor em um Lindo e Claro Lugar

Quando você chega ao salão do banquete, você vê uma sala brilhante, cheia de luzes que você nunca viu. Você sente como se seu corpo fosse ainda mais leve que as penas. Quando você suavemente pisa na verdejante grama, os lugares próximos, que antes não eram visíveis por causa da imensa quantidade de luzes, começam a se tornar visíveis aos seus olhos. Você vê um céu e um

51

lago tão claros e puros a ponto de poder deixá-lo atordoado. Este lago brilha como jóias radiando suas lindas cores sempre que as águas se movem.

Todas as quatro direções são cheias de flores e árvores verdejantes cercam toda a área. Flores balançam para frente e para trás como se estivessem acenando para você, e você pode sentir um aroma tão espesso, lindo e doce que você nunca sentiu antes. Logo, pássaros de muitas cores vêm e o saúdam com seu canto. No lago, que é tão claro que você pode ver o que está no fundo, maravilhosos e lindos peixes esticam suas cabeças e dão-lhe as boas-vindas.

Até mesmo a grama na qual você permanece é macia como o algodão. O vento faz com que suas roupas gentilmente balancem. Naquele momento, uma forte luz encontra os seus olhos e você vê uma pessoa no meio de toda aquela luz.

O Senhor O Abraça e Diz: "Minha Noiva, Eu A Amo."

Com um sorriso gentil em seu rosto, Ele o chama para vir em Sua direção com seus braços abertos. Quando você se aproxima d'Ele, Seu rosto se torna visível. Você vê Seu rosto pela primeira vez, mas você sabe muito bem quem Ele é. Ele é o Senhor Jesus, seu noivo, a quem você ama e por quem esperou por tanto tempo. Neste momento, lágrimas começam a descer pelo rosto. Você não pode parar de chorar porque você se lembra de tudo pelo que passou neste mundo.

Você está face a face com o Senhor agora, através de quem você pôde passar pelos obstáculos. O Senhor vem até você, abraça-o em Seu peito e lhe diz: "Minha noiva, Eu esperei tanto por este momento! Eu a amo."

Ao ouvir isso, ainda mais lágrimas descem. Então o Senhor gentilmente limpa suas lágrimas e aperta-o mais forte. Quando você olha nos olhos d'Ele, você consegue sentir o Seu coração. "Eu sei tudo sobre você. Eu sei de todas as dores e o choro pelos quais você passou. Aqui só haverá alegria e gozo."

Por quanto tempo você esperou por este momento? Quando você está em seus braços, você sente uma paz como nunca sentiu, alegria e abundância cobrem todo o seu corpo.

Agora você pode escutar um suave, profundo e lindo som de louvor. Então, o Senhor segura a sua mão e o leva para o lugar de onde vem o louvor.

O Salão do Banquete é Cheio de Luzes Coloridas

Pouco depois, você vê um castelo esplêndido e brilhante, que é tão magnífico e lindo. Quando você fica na frente do portão do castelo, ele se abre gentilmente e luzes saem de lá. Quando você entra no castelo com o Senhor, como se fosse atraído para dentro por sua luz, existe um salão tão grande que você não consegue ver o outro lado dele. O salão é decorado com belos ornamentos e objetos e cheio de luzes coloridas.

O som dos louvores se torna claro agora e se espalha por todo o salão suavemente. Finalmente, o Senhor anuncia o começo do banquete de casamento com uma voz retumbante. As bodas começam e parece que tudo está acontecendo em um sonho.

Você consegue sentir a felicidade deste momento? Claro, nem

todos que estão no banquete podem estar com o Senhor desta forma. Somente aqueles que tiveram as qualificações podem ficar próximos a Ele e ser abraçados por Ele.

Portanto, você deveria se preparar como uma noiva para participar na natureza divina. E mais, mesmo que nem todos possam segurar a mão do Senhor, eles assim mesmo sentirão a mesma plenitude e felicidade.

Aproveitando Momentos Felizes Cantando e Dançando

Assim que as bodas começam, você começa a cantar e dançar com o Senhor, celebrando o nome do Deus Pai. Você dança com o Senhor, fala sobre os momentos nesta Terra ou sobre o Céu onde você viverá.

Você também fala sobre o amor de Deus, o Pai, e O glorifica. Você pode ter conversas maravilhosas com as pessoas com quem você sempre quis conversar.

Ao sentir o sabor de uma fruta que derrete em sua boca e beber da Água da Vida que flui do Trono do Pai, o banquete continua docemente. Você não precisa, contudo, ficar no castelo durante os sete anos. De tempos em tempos, você sai do castelo e aproveita alegres momentos.

Então, quais tipos de atividades felizes e eventos esperam por você fora do castelo? Você pode aproveitar a belíssima natureza, fazendo amizade com as árvores, flores e pássaros. Você pode caminhar com as pessoas a quem ama nas estradas, conversar com elas, ou, às vezes, louvar ao Senhor cantando e dançando. Então, existem muitas coisas que você pode fazer nos lugares abertos.

Por exemplo, as pessoas podem ir remar no lago com as pessoas que amam ou com o Senhor. Você pode nadar ou aproveitar muitos tipos de diversão e jogos. Muitas coisas que lhe dão inimaginável alegria e deleite são providas pelo amor e carinho de Deus.

Durante os sete anos das bodas nenhuma luz é apagada. Claro, o Éden é uma área de luz e não há noite lá. No Éden, você não tem que ir dormir e descansar como neste mundo. Não importa o quanto você aproveita, você nunca fica cansado e, ao invés disso, você fica feliz e pleno.

Por isso você não sente o tempo passar e sete anos passam como se fossem sete dias, ou sete horas. Mesmo se seus parentes, filhos ou irmãos não foram arrebatados e estão sofrendo a Grande Tribulação, o tempo passa tão rápido com alegria e deleite que você nem mesmo consegue pensar neles.

Dando Mais Graças Por Ter Sido Salvo

As pessoas no Jardim do Éden e os convidados das bodas podem se ver, mas não podem ir e vir entre as duas regiões. Então, os espíritos malignos podem ver as bodas e você pode vê-los também. Mas é claro, eles não podem nem pensar em se aproximar do lugar das bodas, mas você ainda pode vê-los. Vendo o banquete e a alegria dos convidados, os espíritos malignos sentem uma dor imensa. Para eles, não serem capazes de levar mais uma pessoa para o inferno e desistir destas pessoas para Deus, é uma dor insuportável.

E você, ao ver os espíritos malignos, se lembra de quanto eles tentaram devorá-lo como um leão, enquanto você foi cultivado nesta terra.

Então você se torna ainda mais grato pela graça de Deus, o Pai, o Senhor e o Espírito Santo, que o protegeram do poder das trevas e o levaram para se tornar filho de Deus. Então você fica ainda mais grato por aqueles que o ajudaram a passar por sua caminhada da vida.

Então as bodas não são apenas um tempo de descanso e de ser confortado pela dor de ter sido cultivado nesta Terra, mas também um momento para relembrar o que foi viver aqui e ser mais grato pelo amor de Deus.

Você também pensa sobre a vida eterna no Céu, que será muito mais deleitosa que a festa de casamento. A felicidade no Céu não pode ser comparada às bodas.

A Grande Tribulação de Sete Anos

Enquanto o feliz banquete de casamento está sendo dado nos ares, a Grande Tribulação tomará lugar neste mundo. Como será uma tribulação como nunca houve neste mundo e nunca haverá, muito deste mundo será destruído e a maior parte das pessoas serão mortas.

Claro, alguns deles serão salvos pelo que é chamado de "salvação da recolheita." Serão muitos que serão deixados nesta Terra depois da Segunda Vinda de Jesus, porque eles não creram propriamente. Ainda assim, quando eles se arrependerem durante a Grande Tribulação e se tornarem mártires, serão salvos. Esta é a chamada de "salvação da recolheita."

Tornar-se um mártir durante a Grande Tribulação, contudo, não será nada fácil. Mesmo que a pessoa decida tornar-se um mártir no começo, muitos deles acabarão negando o Senhor por conta das torturas e perseguições realizadas pelo anticristo que os forçará a receber a marca do "666".

Eles normalmente se recusarão fortemente a receber a marca porque, uma vez recebida, eles saberão que pertencerão a satanás. Definitivamente é qualquer coisa menos fácil suportar as torturas acompanhadas pelas dores extremas.

Às vezes alguém pode até suportar as torturas, mas é ainda mais difícil assistir aos seus entes queridos sendo torturados. Por isso é que será tão difícil ser salvo pela "salvação da recolheita." Ainda por cima, uma vez que as pessoas não podem receber qualquer ajuda do Espírito Santo durante este tempo, será ainda mais difícil manter a fé.

Portanto, eu espero que nenhum dos leitores encare a Grande Tribulação. A razão pela qual eu explico sobre a Grande Tribulação é para que vocês saibam que os eventos gravados na Bíblia sobre o fim dos tempos estão sendo e serão cumpridos precisamente.

Outra razão é também para aqueles que serão deixados na Terra depois dos filhos de Deus terem sido arrebatados. Enquanto verdadeiros crentes subirão para os ares e terão as bodas de sete anos, os miseráveis sete anos da Grande Tribulação acontecerão neste mundo.

Mártires Ganharão a "Salvação da Recolheita"

Depois que o Senhor retornar aos céus, haverá alguns que se arrependerão da sua fé imprópria em Jesus Cristo entre as pessoas que não serão arrebatadas.

O que os levará à "salvação da recolheita" é que a Palavra de Deus pregada pela igreja mostra as grandes obras de Deus no final dos tempos. Eles virão para saber como serão salvos, quais tipos de eventos acontecerão e como eles deverão reagir aos eventos do mundo, profetizados através da Palavra de Deus.

Então existem algumas pessoas que realmente se arrependerão ante Deus e serão salvas por se tornarem mártires. Esta é a chamada "salvação da recolheita." Claro que entre estes haverá povos como os israelitas. Eles virão para saber sobre "a Mensagem da Cruz" e perceber que Jesus, a quem eles não reconheceram como o Messias, é verdadeiramente o Filho de Deus e o Salvador para toda a humanidade. Eles então se arrependerão e se tornarão parte da "salvação da recolheita." Eles irão se juntar para crescer em sua fé juntos e alguns deles tornarão cientes do coração de Deus e se tornarão mártires para serem salvos.

Desta maneira, escritos que explicam a Palavra de Deus claramente não serão apenas de grande ajuda para aumentar a fé de vários crentes, mas também irão ter um importante papel para aqueles que não forem arrebatados. Portanto, você deve perceber o imenso amor e misericórdia de Deus, que tem provido todas as coisas para aqueles que serão salvos mesmo depois da Segunda Vinda do Senhor nos ares.

O Milênio

A noiva que terá terminado o banquete dos sete anos descerá a este mundo para reinar com o Senhor por mil anos (Apocalipse 20:4). Quando o Senhor descer à terra novamente, Ele a limpará. Ele primeiramente limpará o ar e então fará toda a natureza se tornar bela.

Uma Visita à Terra Novamente Limpa

Assim como um casal de recém-casados vai à lua-de-mel, você irá em viagens com o Senhor, o seu noivo, durante o Milênio, após as bodas. Onde então você mais gostaria de ir?

Os filhos de Deus, noivas do Senhor, iriam querer visitar todo este mundo, uma vez que eles terão que retornar logo. Deus irá mover todas as coisas no primeiro Céu, tais como a Terra, o Sol e a Lua para outro lugar após o Milênio.

Portanto, depois das bodas, Deus, o Pai, irá reformar a Terra de uma forma maravilhosa e nos deixará reinar sobre ela com o Senhor por mil anos, antes que Ele a mova de seu lugar. Este é um processo de tal forma pré-planejado dentro do cuidado de Deus, que Ele criou todas as coisas em seis dias e descansou no sétimo dia. Também para que você não se arrependa de deixar a Terra, Ele o deixará reinar sobre ela por mil anos. Você aproveitará um excelente período reinando com o Senhor por mil anos na linda e reformada Terra. Você visitará e conhecerá todos os lindos lugares que sempre quis conhecer, enquanto viveu aqui, e sentirá uma alegria tamanha que nunca teve.

Reinando Por Mil Anos

Durante este tempo, não haverá o inimigo satanás e o diabo. Assim como a vida no Jardim do Céu, haverá apenas paz e descanso em ambientes muito confortáveis. Então, aqueles que são salvos e o Senhor estarão neste mundo, mas eles não viverão com as pessoas que sobreviveram à Grande Tribulação. As pessoas salvas e o Senhor viverão em um lugar separado, como um palácio real ou castelo. Em outras palavras, os seres espirituais viverão dentro do castelo e os carnais fora do castelo, porque os corpos espirituais e carnais não podem conviver em uma mesma dimensão.

As pessoas espirituais já terão se mutado em corpos espirituais e terão uma vida eterna. Elas poderão então sentir aromas como o cheiro das flores, mas, às vezes, elas também poderão comer com pessoas carnais quando estas estiverem juntas. Ainda assim, mesmo que elas comam, elas não realizarão suas necessidades como as pessoas carnais. Mesmo se elas comerem comida física, elas se dissolverão no ar, através do respirar.

Pessoas carnais se concentrarão em aumentar seu número, porque não haverá muitos sobreviventes da Grande Tribulação. Neste momento, não haverá doenças ou mal porque o ar será limpo e o inimigo satanás e o diabo não estarão lá. Uma vez que o inimigo satanás e o diabo que controlam a maldade serão aprisionados no poço sem fim, o Abismo, o erro e o mal na natureza humana não exercerão influência (Apocalipse 20:3). Então, desde que não haverá morte, a Terra será cheia de muitas pessoas novamente.

Então, o que as pessoas físicas comerão? Quando Adão e Eva viveram no Jardim do Éden, eles comeram somente frutos e sementes (Gênesis 1:29). Depois que Adão e Eva desobedeceram a Deus e foram expulsos do Jardim do Éden, eles começaram a comer as plantas do campo (Gênesis 3:18). Depois do dilúvio de Noé, o mundo se tornou maligno e Deus permitiu ao homem alimentar-se de carne. Você pode perceber que quanto mais maligno se tornou o mundo, mais maligna se tornou a comida que as pessoas passaram a comer.

Durante o Milênio, pessoas comerão sementes do campo ou frutas das árvores. Elas não comerão nenhuma carne, assim como as pessoas antes do dilúvio fizeram, porque não haverá mal ou morte. Então, como todas as civilizações serão destruídas por guerras durante a Grande Tribulação, elas retornarão ao modo primitivo de viver e se reproduzirão no planeta reformado por Deus. Elas começarão de novo em uma natureza pura, despoluída, pacífica e linda.

Ademais, mesmo que eles tenham experimentado uma civilização tecnologicamente avançada antes da Grande Tribulação e tenham conhecimento, a civilização moderna que temos hoje não poderia ser feita do nada sem que se passassem cem ou duzentos anos. Ainda, conforme o tempo passe e as pessoas juntem o seu conhecimento, elas poderão ser capazes de completar uma civilização como a de hoje ao final do Milênio.

61

A Recompensa Depois do Dia do Juízo

Depois do Milênio, Deus libertará por um curto espaço de tempo o inimigo satanás e o diabo que haviam sido aprisionados no abismo, e o poço sem fim (Apocalipse 20:1-3). Mesmo que o Senhor reine sobre esta Terra, para levar as pessoas carnais a sobreviverem a Grande Tribulação, e seus descendentes à salvação eterna, sua fé não será totalmente testada. Portanto Deus deixará o inimigo satanás e o diabo tentá-las.

Muitas destas pessoas serão enganadas pelo inimigo e irão rumo à destruição (Apocalipse 20:8). Então as pessoas de Deus, mais uma vez, perceberão que a razão pela qual Deus criou o Céu e o inferno é porque Ele quer ganhar os seus filhos através do cultivo das pessoas.

Os espíritos malignos que serão libertos por um curto espaço de tempo irão novamente ser colocados no poço sem fundo, e o Grande Julgamento do Trono Branco acontecerá (Apocalipse 20:12). Então, como este julgamento será feito?

Deus Preside o Julgamento do Trono Branco

Em julho de 1982, enquanto eu orava pela abertura de uma igreja, eu tomei conhecimento do Grande Julgamento do Trono Branco em detalhes. Deus revelou a mim uma cena na qual Ele julga a todos. Na frente do Trono de Deus, o Pai, estava o Senhor e Moisés e, ao redor do Trono, estavam pessoas no papel de júri.

Diferentemente dos julgamentos deste mundo, Deus é perfeito e não realiza erros. Ainda assim, Ele ainda julga de acordo com o Senhor que serve como advogado do amor, Moisés como o promotor de justiça com a Lei e outras pessoas como membros do júri. Apocalipse 20:11-15 descreve exatamente como isto acontecerá.

Depois vi um grande trono branco e aquele que nele estava assentado. A terra e o céu fugiram da sua presença, e não se encontrou lugar para eles. Vi também os mortos, grandes e pequenos, em pé diante do trono, e livros foram abertos. Outro livro foi aberto, o livro da vida. Os mortos foram julgados de acordo com o que tinham feito, segundo o que estava registrado nos livros. O mar entregou os mortos que nele havia, e a morte e o Hades entregaram os mortos que neles havia; e cada um foi julgado de acordo com o que tinha feito. Então a morte e o Hades foram lançados no lago de fogo. O lago de fogo é a segunda morte. Aqueles cujos nomes não foram encontrados no livro da vida foram lançados no lago de fogo.

"O grande trono branco" aqui se refere ao Trono de Deus, que é o juiz. Deus, sentado sobre o trono que é tão claro a ponto de parecer "branco," realizará o julgamento final com amor e retidão para enviar o joio, e não o trigo, para o inferno.

Por isso este julgamento às vezes é chamado de Grande Julgamento do Trono Branco. Deus irá julgar exatamente de acordo com o "livro da vida", que grava os nomes das pessoas que foram salvas e outros livros que recordam os atos de cada pessoa.

Os Não-Salvos Irão Para o Inferno

Em frente ao Trono de Deus, não existe um único livro da vida, mas também outros livros que recordam todos os feitos de cada pessoa que não aceitou ao Senhor ou não teve a fé verdadeira (Apocalipse 20:12).

Do momento em que as pessoas nascem ao momento em que o Senhor chama seus espíritos, todos os atos são gravados nestes livros. Por exemplo, realizar boas ações, xingar os outros, bater em outras pessoas ou ficar irados com as pessoas. Todos os atos estão gravados pelas mãos dos anjos.

Assim como você pode gravar e preservar certas conversas ou eventos por muito tempo, através de gravações de áudio ou vídeo, os anjos escrevem e gravam todas as situações nos livros do Céu, pelo ordenamento do Deus Altíssimo. Portanto, o Grande Julgamento do Trono Branco ocorrerá exatamente sem um só erro. Como então, será realizado este julgamento?

Os não-salvos serão julgados primeiro. Estas pessoas não podem vir diante de Deus para serem julgadas porque são pecadoras. Elas serão julgadas no Hades, o lugar de espera do inferno. Mesmo que elas não venham diante de Deus, o julgamento será levado exatamente como se estivesse ocorrendo diante de Deus.

Entre os pecadores, Deus primeiramente julgará aqueles cujos pecados são mais pesados. Depois de julgar os que não foram salvos, eles todos serão jogados no lago de fogo ou enxofre flamejante juntos e punidos eternamente.

Os Salvos Receberão Recompensas no Céu

Depois do julgamento daqueles que não forem salvos, for completo desta maneira, o julgamento das recompensas daqueles que serão salvos se seguirá. Assim como prometido em Apocalipse 22:12: *"Eis que venho em breve! A minha recompensa está comigo, e eu retribuirei a cada um de acordo com o que fez"*, os lugares e recompensas no Céu serão determinados da mesma maneira.

O julgamento para as recompensas acontecerá em paz, na frente de Deus, porque é para os filhos de Deus. O julgamento por recompensas procederá do começo com aqueles que terão as maiores recompensas até aqueles com as menores, e então os filhos de Deus entrarão em seus respectivos lugares.

Não haverá mais noite. Eles não precisarão de luz de candeia, nem da luz do sol, pois o Senhor Deus os iluminará; e eles reinarão para todo o sempre. (Apocalipse 22:5).

Apesar de muitos infortúnios e dificuldades neste mundo, quão alegre você será porque terá a esperança do Céu! Lá você viverá com o Senhor para sempre, com apenas alegria e deleite, sem lágrimas, choro, dor, doença ou morte.

Eu descrevi apenas um pouco das bodas de sete anos e o Milênio, durante os quais você reinará com o Senhor. Quando estes tempos – apenas um prelúdio da vida no Céu – ocorrerem, como serão alegres! E quão mais alegres serão os momentos que passaremos depois no Céu! Portanto, você deve correr para o seu lugar e ter suas recompensas preparadas para você no Céu, até o momento em que o Senhor retornar para buscá-lo.

Por que nossos patronos da fé sofreram tanto e tentaram tanto tomar o caminho estreito do Senhor, ao invés da vida fácil deste mundo? Eles jejuaram e oraram muitas noites para se separarem de seus pecados e se dedicarem completamente, porque eles tinham a esperança pelo Céu. Como eles creram que Deus os recompensaria no Céu, de acordo com os seus feitos, eles tentaram vigorosamente se tornar santos e ser fiéis em toda a casa de Deus.

Portanto, eu oro, em nome do Senhor, para que você não somente participe das bodas e esteja nos braços do Senhor, mas também fique próximo ao Trono de Deus no Céu, tentando o seu melhor com uma fervente esperança pelo Céu.

Capítulo 4

Segredos do Céu Ocultos Desde a Criação

Ele respondeu: "A vocês foi dado o conhecimento dos mistérios do Reino dos céus, mas a eles não".
A quem tem será dado, e este terá em grande quantidade. De quem não tem, até o que tem lhe será tirado.
Por essa razão eu lhes falo por parábolas: "Porque vendo, eles não vêem e, ouvindo, não ouvem nem entendem".

"Jesus falou todas estas coisas à multidão por parábolas. Nada lhes dizia sem usar alguma parábola, cumprindo-se, assim, o que fora dito pelo profeta: 'Abrirei minha boca em parábolas, proclamarei coisas ocultas desde a criação do mundo.'"
- Mateus 13:11-13; 34-35

Certo dia, quando Jesus se assentou â beira mar, muitas

pessoas se reuniram. Então, Jesus lhes contou muitas coisas em parábolas. Os seus discípulos perguntaram: "Por que falas ao povo por parábolas"? Jesus disse:

A vocês foi dado o conhecimento dos mistérios do Reino dos céus, mas a eles não. A quem tem será dado, e este terá em grande quantidade. De quem não tem, até o que tem lhe será tirado. Por essa razão eu lhes falo por parábolas: 'Porque vendo, eles não vêem e, ouvindo, não ouvem nem entendem'. Neles se cumpre a profecia de Isaías: 'Ainda que estejam sempre ouvindo, vocês nunca entenderão; ainda que estejam sempre vendo, jamais perceberão. Pois o coração deste povo se tornou insensível; de má vontade ouviram com os seus ouvidos, e fecharam os seus olhos. Se assim não fosse, poderiam ver com os olhos, ouvir com os ouvidos, entender com o coração e converter-se, e eu os curaria'. Mas, felizes são os olhos de vocês, porque vêem; e os ouvidos de vocês, porque ouvem. Pois eu lhes digo a verdade: Muitos profetas e justos desejaram ver o que vocês estão vendo, mas não viram, e ouvir o que vocês estão ouvindo, mas não ouviram. (Mateus 13:11-17).

Como Jesus disse, muitos profetas e justos não puderam ver ou ouvir os segredos do Reino dos Céus, mesmo desejando.

Mas Ele, que é Deus em sua natureza, veio a este mundo (Filipenses 2:6-8) e permitiu que os segredos dos Céus fossem revelados aos seus discípulos.

Assim como escrito em Mateus 13:35: *"cumprindo-se, assim, o que fora dito pelo profeta:* *"Abrirei minha boca em parábolas, proclamarei coisas ocultas desde a criação do mundo".* Jesus falou em parábolas para cumprir as Escrituras.

Segredos do Céu Têm Sido Revelados Desde os Tempos de Jesus

"O caminho da Cruz", cujo caminho é o verdadeiro para obter verdadeiros filhos de Deus, foi planejado bem antes da criação, mas foi mantido em segredo (1 Coríntios 2:7). Se não fosse assim, o inimigo – Satanás – não teria crucificado a Jesus e o caminho para a salvação humana não teria sido aberto.

Da mesma forma, os segredos do Céu foram ocultos desde o tempo da criação e, se assim não fosse, não teríamos verdadeiros filhos de Deus. No entanto, depois que Jesus veio a este mundo e começou seu ministério, Ele permitiu que segredos do Céu fossem conhecidos, porque queria que as pessoas adquirissem frutos através da compreensão.

Jesus Revela os Segredos Através de Parábolas

Em Mateus 13, existem muitas parábolas sobre o céu. Isto é porque, sem parábolas, você não entenderá ou compreenderá os segredos dos Céus, mesmo se ler a Bíblia muitas vezes.

"O Reino dos céus é como um homem que semeou boa

semente em seu campo" (v. 24).

"O Reino dos céus é como um grão de mostarda que um homem plantou em seu campo. Embora seja a menor dentre todas as sementes, quando cresce torna-se a maior das hortaliças e se transforma numa árvore, de modo que as aves do céu vêm fazer os seus ninhos em seus ramos" (v. 31-32).

"O Reino dos céus é como o fermento que uma mulher tomou e misturou com uma grande quantidade de farinha, e toda a massa ficou fermentada" (v. 33).

"O Reino dos céus é como um tesouro escondido num campo. Certo homem, tendo-o encontrado, escondeu-o de novo e, então, cheio de alegria, foi, vendeu tudo o que tinha e comprou aquele campo" (v. 44).

"O Reino dos céus também é como um negociante que procura pérolas preciosas. Encontrando uma pérola de grande valor, foi, vendeu tudo o que tinha e a comprou" (v. 45-46).

"O Reino dos céus é ainda como uma rede que é lançada ao mar e apanha toda sorte de peixes. Quando está cheia, os pescadores a puxam para a praia. Então se assentam e juntam os peixes bons em cestos, mas jogam fora os ruins" (v. 47-48).

Dessa forma, Jesus pregou sobre o Céu, que está no campo espiritual, através de várias parábolas. Pelo fato de o Céu estar no campo espiritual, que é invisível, você somente compreenderá através de parábolas.

Para obter vida eterna no Céu, você deve viver uma vida cheia de fé, sabendo como obter o Céu, que tipo de pessoa entrará nele e quando se cumprirá.

Qual é o principal objetivo de ir à igreja e viver uma vida na fé? É para ser salvo e ir para o Céu. Ainda, se você não for para o Céu, mesmo indo à Igreja por um bom tempo, como ficaria?

Mesmo nos tempos de Jesus, muitas pessoas obedeceram à lei e professaram sua crença em Deus, mas não foram qualificados para ser salvos e entrar no Céu. Em Mateus 3:2, por esta razão, João Batista proclama, *"Arrependam-se, pois o Reino dos céus está próximo!"* e preparem o caminho do Senhor. Ainda, em Mateus 3:11-12, ele disse às pessoas que Jesus é o Salvador e o Senhor do Grande Julgamento, dizendo: *"Eu os batizo com água para arrependimento. Mas depois de mim vem alguém mais poderoso do que eu, tanto que não sou digno nem de levar as suas sandálias. Ele os batizará com o Espírito Santo e com fogo. Ele traz a pá em sua mão e limpará sua eira, juntando seu trigo no celeiro, mas queimará a palha com fogo que nunca se apaga."*

Não obstante, os Israelitas daquele tempo não apenas falharam em reconhecê-Lo como Salvador, mas também O crucificaram. O mais triste é que ainda esperam o Messias!

Os Segredos do Céu Revelados ao Apóstolo Paulo

Mesmo sabendo que o apóstolo Paulo não era um dos doze discípulos originais, ele não estava atrás de ninguém em testemunhar Jesus Cristo. Antes de Paulo conhecer o Senhor, ele era um fariseu que seguia estritamente a tradição dos antigos e um judeu que tinha a cidadania romana desde o nascimento e perseguia os cristãos.

No entanto, depois de conhecer o Senhor no caminho de Damasco, mudou sua mente e guiou muitas pessoas ao caminho da salvação e se concentrou na evangelização dos gentios.

Deus sabia que Paulo sofreria de muita dor e perseguição enquanto pregasse o evangelho. Este é o motivo pelo qual revelou as maravilhas dos segredos do Céu a Paulo, para que atingisse seu objetivo (Filipenses 3:12-14). Deus permitiu que ele pregasse o evangelho com o máximo de alegria e com a esperança do Reino.

Se você ler as Cartas de Paulo, perceberá que ele as escreveu cheio da inspiração do Espírito Santo, falando sobre a vinda do Senhor, arrebatamento, moradas no Céu, a glória do Céu, galardões eternos e coroas, Melquisedeque - eterno sacerdote - e Jesus Cristo.

Em 2 Coríntios 12:1-4, Paulo divide suas experiências espirituais com a Igreja em Corinto, a qual fundou e que não estava vivendo conforme a Palavra de Deus.

É necessário que eu continue a gloriar-me com isso.
Ainda que eu não ganhe nada com isso, passarei às
visões e revelações do Senhor. Conheço um homem em

Cristo que há catorze anos foi arrebatado ao terceiro céu. Se foi no corpo ou fora do corpo, não sei; Deus o sabe. E sei que esse homem, se no corpo ou fora do corpo, não sei, mas Deus o sabe, foi arrebatado ao paraíso e ouviu coisas indizíveis, coisas que ao homem não é permitido falar.

Deus selecionou o apóstolo Paulo para a evangelização dos Gentios, renovou-o com fogo e deu a ele visões e revelações. Deus o fez ultrapassar todas as dificuldades com amor, fé e esperança pelo Céu. Por um instante, Paulo confessou que tinha sido levado ao Paraíso no Terceiro Céu e escutou sobre os segredos há quatorze anos atrás, mas eram tão maravilhosos, que ao homem não era permitido falar.

Naquele tempo, o apóstolo Paulo listou as dificuldades por que passou em nome do Senhor e compartilhou suas experiências espirituais para guiar os Coríntios, para se tornarem noivas do Senhor, andando na Palavra de Deus. Isso não foi para gabar de suas experiências, mas para construir e fortalecer a Igreja de Cristo, defendendo e confirmando seu apostolado.

O que você tem que compreender aqui, é que as visões e as revelações do Senhor somente podem ser dadas àqueles que possuem seus olhos no Senhor. Ainda, membros de Igrejas em Corinto, que foram enganados por falsos professores, julgaram Paulo. Não devemos julgar ninguém que trabalha para expandir o Reino de Deus, que salva pessoas e que é reconhecido por Deus.

Os Segredos do Céu Revelados ao Apóstolo João

O apóstolo João foi um dos doze discípulos e foi o mais amado por Jesus. Jesus não o chamou apenas de "discípulo" mas também o nutriu espiritualmente, para que pudesse servir seu professor de perto. Ele era tão pavio curto que era chamado de "filho do trovão", mas tornou-se o apóstolo do amor, após ter sido transformado pelo poder de Deus. João seguiu Jesus, buscando a glória no Céu. Ele também foi o único discípulo que escutou as sete últimas palavras de Jesus na cruz. Ele foi fiel no seu trabalho como apóstolo e se tornou um grande homem no céu.

Como resultado da severa perseguição do Cristianismo pelo Império Romano, João foi jogado em óleo fervente, mas não morreu e foi exilado na ilha de Patmos. Lá, comunicou-se com Deus profundamente e escreveu o livro de Apocalipse, que é cheio dos segredos do Céu.

João escreveu muitas coisas espirituais, como o Trono de Deus e do Cordeiro no Céu, Louvor no Céu, Os Quatro Seres Viventes, Os Sete Anos da Grande Tribulação e O Papel dos Anjos, O Banquete de Casamento do Cordeiro e O Milênio, O Julgamento do Trono Branco, A Nova Jerusalém no Céu, O Poço Sem Fundo do Abismo.

Por esse motivo, o apóstolo João diz em Apocalipse 1:1-3 que o livro é o testemunho das revelações e visões do Senhor.

Revelação de Jesus Cristo, que Deus lhe deu para mostrar aos seus servos o que em breve há de acontecer. Ele enviou o seu anjo para torná-la conhecida ao seu servo João, que dá testemunho de tudo o que viu, isto é, a palavra de Deus e o testemunho de Jesus Cristo. Feliz aquele que lê as palavras desta profecia e felizes aqueles que ouvem e guardam o que nela está escrito, porque o tempo está próximo.

A frase "o tempo está próximo" implica que o tempo de retorno do Senhor está próximo. Além disso, é muito importante ter as qualificações para entrar no Céu e ser salvo mediante a fé.

Mesmo se você for à igreja toda semana, você não poderá ser salvo, a menos que creia. Jesus nos diz: *"Nem todo aquele que me diz: 'Senhor, Senhor', entrará no Reino dos céus, mas apenas aquele que faz a vontade de meu Pai que está nos céus"* (Mateus 7:21). Se não agir conforme a Palavra de Deus, é óbvio que não entrará no Reino dos Céus.

Além disso, o apóstolo João explica os eventos e as profecias que serão cumpridas, em detalhe, do Apocalipse 4 em diante, e conclui que a vinda do Senhor está próxima.

Eis que venho em breve! A minha recompensa está comigo, e eu retribuirei a cada um de acordo com o que fez. Eu sou o Alfa e o Ômega, o Primeiro e o Último, o Princípio e o Fim. Felizes os que lavam as suas vestes, e assim têm direito à árvore da vida e podem entrar na cidade pelas portas. (Apocalipse 22:12-14).

Espiritualmente, lavar as vestes se refere ao arrependimento dos pecados e viver na vontade de Deus.

Dessa forma, ao viver de acordo com a Palavra de Deus, passará os portões e entrará no Céu, na Nova Jerusalém.

No livro *A Medida da Fé* que será publicado um pouco mais tarde, é explicado que até mesmo a fé é um processo de crescimento. Da mesma forma, o apóstolo João classificou a fé em pequena criança, média, adolescentes e pais.

Além disso, você deve entender que, quanto mais sua fé cresce, melhor será seu local no Céu.

Segredos do Céu São Revelados Até Hoje

Quase dois mil anos se passaram, desde que João escreveu o Livro de Apocalipse, e hoje, a vinda do Senhor Jesus está mais próxima. Por esse motivo, Deus abre os olhos espirituais de algumas pessoas e permite que vejam céu e inferno. Ele pode permitir que alguns espíritos visitem o Céu e o inferno, e os encoraja a testemunhar aos crentes e não crentes.

Eu sinto muito por não poder explicar sobre céu e inferno, porque pertencem a um grande reino espiritual. Às vezes, as pessoas não entregam a mensagem corretamente, ou os ouvintes não escutam direito.

Eu também quis conhecer sobre o Céu, e recebi as respostas e vim a conhecer os segredos do Céu em detalhes, depois de orar por muitas vezes por sete anos. Em maio de 1984, antes do meu aniversário, Deus ordenou que eu orasse por três dias em minha casa, que por sinal estava longe dos membros de minha Igreja, e permitiu que eu conversasse com Ele. Ele me falou sobre o Céu em detalhes naquela época, levou aproximadamente cento e vinte páginas de caderno. Ele explicou-me as maravilhas e a alegre vida no Céu, os diferentes locais de habitação e os galardões que as pessoas receberão, conforme a sua fé. Em um período durante o meu ministério, preguei sobre o Céu por vários meses.

Após, Deus também me revelou os segredos do Céu, enquanto explicava o Livro de Apocalipse, e continuou a explicar-me com profundidade após 1998. Deus me tem revelado muitas coisas ocultas, desde o início dos tempos, e como dito pelo Apóstolo Paulo, "coisas que ao homem não é permitido falar". Existem coisas que eu não posso dizer.

Deus permitiu que eu conhecesse não somente sobre o Céu, mas também sobre os segredos do reino espiritual, por várias razões. Primeiro, Deus queria salvar muitas pessoas através de meu testemunho. Segundo, Deus, que é santo e perfeito, quer guiar Seus filhos para se tornarem santos e perfeitos, para que estejam preparados, para o retorno do Senhor, como uma linda noiva, através da pregação do evangelho.

Além disso, você deve compreender que o fim está próximo e, para ser capaz de entrar na Nova Jerusalém, que é clara e bonita como cristal, é preciso semear o evangelho e preparar-se como uma noiva de Cristo.

Segredos do Céu Revelados no Fim dos Tempos

Aprofundar-nos-emos nos segredos do Céu, que são revelados e o que virão a ser no fim dos tempos, através das parábolas de

Jesus, em Mateus 13.

Ele Separará os Perversos dos Justos

Em Mateus 13:47-50, Jesus nos diz que o Reino dos Céus é como uma rede lançada ao mar e que apanha toda sorte de peixes. O que isto significa?

O Reino dos céus é ainda como uma rede que é lançada ao mar e apanha toda sorte de peixes. Quando está cheia, os pescadores a puxam para a praia. Então se assentam e juntam os peixes bons em cestos, mas jogam fora os ruins. Assim acontecerá no fim desta era. Os anjos virão, separarão os perversos dos justos e lançarão aqueles na fornalha ardente, onde haverá choro e ranger de dentes.

"O mar" aqui se refere a este mundo, "os peixes" a todos os crentes, e os pescadores que lançam a rede no mar e quem apanha os peixes, Deus. Então o que significa para Deus permitir lançar a rede no mar, coletar os peixes bons e lançar fora os peixes ruins? Isto é para que saiba que, no fim dos tempos, os anjos virão e separarão os perversos dos justos.

Hoje em dia, talvez as pessoas pensem que irão definitivamente entrar no Reino dos Céus somente se aceitarem a Jesus Cristo. No entanto, Jesus nos diz claramente: *"Os anjos virão, separarão os perversos dos justos e lançarão aqueles na fornalha ardente, onde haverá choro e ranger de dentes".* "Os justos" são aqueles que crêem em Jesus com todo seu coração e refletem sua crença com ações. Você será justo não somente porque conhece a Deus, mas somente se obedecer a seus mandamentos, de acordo com a vontade Dele (Mateus 7:21).

Na Bíblia existem: "Faça", "Não faça", "Guarde" e "Lance fora". Somente aqueles que vivem conforme a Palavra de Deus serão "justos" e terão uma verdadeira vida espiritual mediante a fé. Existem pessoas que são consideradas justas aos olhos dos homens, mas é diferente ser considerado "justo" aos olhos de Deus. Além disso, você deve ser capaz de reconhecer a diferença do homem e de Deus e se tornar um homem justo aos olhos de Deus.

Por um instante, se o homem que se considera justo sendo corrupto, quem o aceitará como justo? Se aqueles que se consideram "filhos de Deus" continuar pecando e não viverem conforme a Palavra de Deus, não serão chamados de "justos". Este tipo de pessoa é considerado fraco diante dos "justos".

Cada Diferente Esplendor dos Corpos Celestes

Se você aceitar a Jesus Cristo e viver conforme a Palavra de Deus, brilhará como o sol no Céu. O apóstolo Paulo escreve sobre os segredos do Céu em detalhes em 1 Coríntios 15:40-41.

Há corpos celestes e há também corpos terrestres; mas o esplendor dos corpos celestes é um, e o dos corpos terrestres é outro. Um é o esplendor do sol, outro o da lua, e outro o das estrelas; e as estrelas diferem em esplendor umas das outras.

79

Aquele que possuir o céu mediante a fé, saberá que a glória no Céu será diferente de acordo com a medida da fé de cada um. Por esse motivo existe a glória do Céu, da lua e das estrelas; mesmo entre as estrelas, a medida de seu brilho difere uma da outra.

Veremos outro segredo do Céu através da parábola do Grão de Mostarda em Mateus 13:31-32.

E contou-lhes outra parábola: "O Reino dos céus é como um grão de mostarda que um homem plantou em seu campo. Embora seja a menor dentre todas as sementes, quando cresce torna-se a maior das hortaliças e se transforma numa árvore, de modo que as aves do céu vêm fazer os seus ninhos em seus ramos".

Uma semente de mostarda é tão pequena quanto um ponto feito por uma caneta. Mesmo assim crescerá e se tornará uma grande árvore, onde os pássaros farão seus ninhos. Então, por que Jesus queria nos ensinar esta parábola? As lições aqui aprendidas são que o Céu é ganho mediante a fé, e que existem medidas diferentes da mesma. Então, mesmo se tiver uma pequena fé, poderá transformá-la em uma enorme fé.

Até Mesmo a Fé de Um Grão de Mostarda

Jesus, em Mateus 17:20 diz: *"Porque a fé que vocês têm é pequena. Eu lhes asseguro que se vocês tiverem fé do tamanho de um grão de mostarda, poderão dizer a este monte: 'Vá daqui para lá', e ele irá. Nada lhes será impossível"*. Em resposta à solicitação dos discípulos: "Cresça nossa fé", Jesus responde: *"Os apóstolos disseram ao Senhor: 'Aumenta a nossa fé!' Ele respondeu: 'Se vocês tiverem fé do tamanho de uma semente de mostarda, poderão dizer a esta amoreira: Arranque-se e plante-se no mar, e ela lhes obedecerá'"* (Lucas 17:5-6).

Qual é a implicação do significado espiritual desses versículos? Significa que quando a fé é pequena como um grão de mostarda e se torna uma enorme fé, nada será impossível. Quando alguém aceitar Jesus Cristo, uma fé como um pequeno grão de mostarda é dada a Ele. Quando ele cultiva essa semente em seu coração, crescerá. Quando crescer para uma grande fé do tamanho de uma árvore, pássaros farão seus ninhos. Ou seja, experimentarão as obras do poder de Deus, como as que Jesus fez entre nós – os cegos enxergarem, os surdos escutarem, os mudos falarem e os mortos ressuscitarem.

Se você acha que possui fé, mas não vê o poder de Deus e tem problemas na família ou emprego, é porque sua fé é pequena como um grão de mostarda e não cresceu no tamanho de uma árvore.

O Processo de Crescimento da Fé Espiritual

Em 1 João 2:12-14, o apóstolo João rapidamente explica o crescimento da fé espiritual.

Filhinhos, eu lhes escrevo porque os seus pecados foram perdoados, graças ao nome de Jesus. Pais, eu lhes escrevo porque vocês conhecem aquele que é desde o princípio. Jovens, eu lhes escrevo porque venceram o Maligno. Filhinhos, eu lhes escrevi porque vocês conhecem o Pai. Pais, eu lhes escrevi porque vocês conhecem aquele que é desde o princípio. Jovens, eu lhes escrevo, porque vocês são fortes, e em vocês a Palavra de Deus permanece e vocês vencem o Maligno.

Você deve perceber que existe um processo de crescimento da fé. Você deve desenvolver sua fé e ter a fé dos pais, que conhecem aquele que é desde o princípio. Você não deve ficar satisfeito com o nível dos filhos, que tiveram os pecados perdoados graças ao nome de Jesus.

Ainda, Jesus diz em Mateus 13:33: *"O Reino dos céus é como o fermento que uma mulher tomou e misturou com uma grande quantidade de farinha, e toda a massa ficou fermentada".*

Além disso, você deve entender que, o crescimento da fé como um pequeno grão de mostarda para uma grande árvore, pode ser realizado rápido como o fermento na massa. Assim como escrito em 1 Coríntios 12:9, fé é um presente espiritual dado a você, por Deus.

Comprar o Céu Com Tudo o Que Tiver

Você precisa se esforçar para possuir o céu porque este deve ser possuído pela fé e há um processo de crescimento. Até mesmo neste mundo, você tem que se esforçar muito para obter fama e riqueza, e não somente o suficiente para comprar uma casa. Às vezes nos esforçamos tanto para comprar e manter certas coisas, que nem pensamos que não podemos mantê-las para sempre. Quanto você teria que ter para tentar obter o esplendor e viver no céu, que permanecerá para sempre?

Jesus nos diz em Mateus 13:44: *"O Reino dos céus é como um tesouro escondido num campo. Certo homem, tendo-o encontrado, escondeu-o de novo e, então, cheio de alegria, foi, vendeu tudo o que tinha e comprou aquele campo"* e continua em Mateus 13:45-46: *"O Reino dos céus também é como um negociante que procura pérolas preciosas. Encontrando uma pérola de grande valor, foi, vendeu tudo o que tinha e a comprou"*.

Então, quais são os segredos do Céu revelados através das parábolas do tesouro escondido no campo e a da pérola de grande valor? Jesus falava em párabolas com objetos que poderiam ser achados facilmente no dia a dia. Veremos então a parábola do "tesouro escondido no campo".

Havia um fazendeiro pobre que fez sua vida ganhando salários diários. Um dia, foi trabalhar a pedido de seu vizinho. O fazendeiro foi avisado de que a terra estava ruim porque não era usada há um tempo, e que ele queria plantar algumas coisas para evitar perdê-la. O fazendeiro concordou em fazer o trabalho. Certo dia, estava preparando a terra e sentiu alguma coisa sólida um pouco no fundo. Ele continuou cavando e encontrou um tesouro no solo. O fazendeiro que descobriu o tesouro começou a imaginar as formas para que pudesse possuí-lo. Ele decidiu comprar a terra na qual o tesouro estava escondido e, por estar ruim o solo, o fazendeiro pensou que o dono venderia sem hesitar.

O fazendeiro retornou à sua casa, procurou por tudo

que tinha e começou a vender. Ainda, não teve nenhum ressentimento em vender tudo o que possuía, porque havia descoberto um tesouro, que era mais valioso do que tudo.

A Parábola do Tesouro Escondido no Campo

O que você deve entender nesta parábola? Eu espero que você entenda o segredo do céu através do significado espiritual da parábola do tesouro escondido no campo, em quatro aspectos.

Primeiro, o campo significa seu coração e o tesouro significa o Céu. Isto significa que o céu, como o tesouro, está escondido em seu coração.

Deus fez os seres humanos com espírito, alma e corpo. O espírito é feito como mestre do homem para comunicar com Deus. A alma é feita para obedecer ao comando do espírito, e o corpo é feito como morada da alma e do espírito. E mais, o ser humano é um ser vivente, conforme escrito em Gênesis 2:7.

Desde o momento em que o primeiro homem – Adão – pecou em desobediência, o espírito, mestre do homem, morreu, e a alma começou a fazer o papel de mestre. As pessoas então caíram em pecados e trilharam o caminho da morte, pois não mais se comunicavam com Deus. Eram novas pessoas de alma, que estão sob o domínio de Satanás.

Por isso, o Deus de amor enviou seu único Filho – Jesus – a este mundo e permitiu que Ele fosse crucificado e que derramasse seu sangue como sacrifício para redimir os pecados da humanidade. Por causa disso, o caminho para a salvação foi aberto para que você se tornasse filho de Deus e se comunicasse com Ele novamente.

Além disso, aquele que aceitar a Jesus Cristo, como seu único Salvador, receberá o Espírito Santo e seu espírito renascerá. Ainda, receberá o direito de ser chamado filho de Deus e será cheio de alegrias.

Isto significa que o espírito voltou a se comunicar com Deus e a controlar a alma e o corpo. Também significa que o homem voltou a temer a Deus e obedecer à Sua palavra, conforme lhe foi atribuído.

Além disso, o renascimento do espírito é o mesmo que encontrar um tesouro escondido no campo. O Céu é como se fosse um tesouro escondido no campo – está agora em seu coração.

Segundo, um homem, encontrando o tesouro escondido no campo, e se tornando feliz implica que, aquele que aceitar Jesus Cristo e receber o Espírito Santo, seu espírito que estava morto reviverá e perceberá que há um céu em seu coração e se alegrará.

Jesus nos diz em Mateus 11:12: *"Desde os dias de João Batista até agora, o Reino dos céus é tomado à força, e os que usam de força se apoderam dele"*. João, o apóstolo, também nos diz em Apocalispe, 22:14: *"Felizes os que lavam as suas vestes, e assim têm direito à árvore da vida e podem entrar na cidade pelas portas"*.

O que você deve aprender nisto é que nem todos que aceitam a Jesus Cristo irão para o mesmo lugar no Reino dos Céus. À

85

medida que você se assemelha ao Senhor e se torna verdadeiro, habitará na mais bonita morada no Céu.

Além disso, aqueles que amam a Deus e esperam pelo Céu deverão agir conforme a Palavra de Deus e assemelhar-se a Ele, evitando e lançando fora todo mal.

Você possuirá o Céu, desde que encha o seu coração dele, onde somente há a verdade e a bondade. Até mesmo nesta terra, quando perceber que há um céu em seu coração, será feliz.

Este é o tipo de alegria que você experimentará quando encontrar Jesus Cristo. Aquele que trilhava o caminho da morte e obteve a verdadeira vida e o eterno Céu, através de Jesus Cristo, será feliz! Ele será imensamente feliz porque poderá crer no Reino dos Céus em seu coração. Dessa forma, a alegria do homem por ter encontrado o tesouro escondido no campo é a mesma coisa de quando alguém aceita a Jesus Cristo e possui o Reino dos Céus em seu coração.

Terceiro, esconder o tesouro novamente depois de encontrá-lo, implica que o espírito morto reviveu e agora vive de acordo com a Palavra de Deus, mas não poderá colocar esta determinação em ação porque não recebeu o poder para viver de acordo com a Palavra de Deus.

O fazendeiro não pôde cavar imediatamente o tesouro assim que o encontrou. Ele primeiramente teve que vender tudo o que tinha para comprar o campo. Da mesma forma, você sabe que o céu e o inferno existem e como entrar no Céu quando aceitar Jesus Cristo, mas você não poderá mostrar em ações, assim que começar a ouvir a Palavra de Deus.

Isto porque você vivia uma vida incorreta, que não era aceitável à Palavra de Deus, ainda há injustiça em seu coração. Se não lançar fora toda a impureza confessando que crê em Deus, Satanás continuará a guiá-lo para as trevas, para que você não viva conforme a Palavra de Deus. Assim como o fazendeiro comprou o campo, vendendo tudo o que tinha, você obterá o tesouro em seu coração, quando afastar toda impureza e tiver o coração que Deus deseja.

Ainda, você deve seguir a verdade, que é a Palavra de Deus, dependendo Dele e orando fervorosamente. Somente assim você lançará fora toda impureza e receberá o poder para agir e viver conforme a Palavra de Deus. Você deve ter em mente que o Céu é somente para este tipo de pessoa.

Quarto, vender tudo o que possui implica em ter o espírito morto e vê-lo reviver e se tornar novamente seu mestre, lançando fora toda impureza que pertencia à sua alma.

Quando o espírito que estava morto revive, você perceberá que há um Céu. Você possuirá o Céu ao desfazer-se de todo pensamento impuro, que pertence à alma que era governada por Satanás e permanecerá na fé, acompanhada por ações. É o mesmo princípio quando o pintinho tem que quebrar a casca para vir a este mundo.

Além disso, você deve renunciar às obras e desejos da carne para obter completamente o céu. Ainda, você se tornará uma pessoa de espírito completo e que reflete a natureza divina do

Senhor (1 Tessalonicenses 5:23).

Desejos da carne são emboscadas do mal para que seu coração fique na dúvida. Eles se referem à natureza do pecado no coração que se tornará dúvida e resultará em ação a qualquer momento, mesmo sabendo que ainda não se tornou ação. Por exemplo, se você possui rancor em seu coração, é um desejo da carne, e se esse desejo se tornar uma ação, será uma ação da carne.

Gálatas 5:19-21 afirma veemente: *"Ora, as obras da carne são manifestas: imoralidade sexual, impureza e libertinagem; idolatria e feitiçaria; ódio, discórdia, ciúmes, ira, egoísmo, dissensões, facções e inveja; embriaguez, orgias e coisas semelhantes. Eu os advirto, como antes já os adverti: aqueles que praticam essas coisas não herdarão o Reino de Deus".*

Ainda, Romanos 13:13-14 nos diz: *"Comportemo-nos com decência, como quem age à luz do dia, não em orgias e bebedeiras, não em imoralidade sexual e depravação, não em desavença e inveja. Ao contrário, revistam-se do Senhor Jesus Cristo, e não fiquem premeditando como satisfazer os desejos da carne".*

Além disso, vender tudo significa retirar toda impureza contra a vontade de Deus em sua alma e lançar fora as obras e os desejos da carne, que não são corretos, de acordo com a Palavra de Deus, e todo o resto que você amava mais do que a Deus.

Se você lançar fora seus pecados e maldade, seu espírito reviverá e cada vez mais viverá conforme a Palavra de Deus, seguindo os desejos do Espírito Santo. Finalmente, você se tornará uma pessoa do espírito e será capaz de alcançar a verdadeira natureza do Senhor (Filipenses 2:5-8).

Você Deve Tomar Posse do Céu, Assim Como Alcançá-lo no Coração

Aquele que possui o Céu mediante a fé é aquele que vende tudo que possui, lança fora o mal e alcança o Céu com seu coração. Eventualmente, quando o Senhor voltar, o Céu, que antes era como uma sombra, se tornará realidade e ele possuirá vida eterna. Aquele que possui o céu é o mais rico, mesmo se tiver jogado fora tudo neste mundo. No entanto, aquele que não possui, é o mais pobre, mesmo se possuir tudo neste mundo. Isto é porque tudo de que você precisa é Jesus Cristo e tudo além dele não vale a pena, traz a morte.

Por esse motivo, Mateus seguiu a Jesus Cristo deixando para trás sua ocupação. Por esse motivo, Pedro largou seu barco e sua rede. Até mesmo o apóstolo Paulo considerou tudo que ele tinha "bobeira" depois de aceitar a Cristo. O motivo pelo qual esses apóstolos fizeram isso é porque queriam encontrar o tesouro, que era o mais valioso deste mundo, e cavaram.

Da mesma forma, você deve mostrar sua fé em ações, obedecendo à verdadeira Palavra e lançando fora toda impureza contra Deus. Você deve realizar o Reino dos Céus em seu coração, vendendo toda impureza como a teimosia, orgulho, ódio que antes eram considerados tesouro em seu coração.

Além disso, você deve observar as coisas deste mundo, mas para vender terá que tomar posse do céu em seu coração e habitar no eterno Reino dos Céus.

Na Casa de Meu Pai Há Muitas Moradas

Na passagem em João 14:1-3, você verá que existem muitas moradas no céu, e Jesus Cristo foi para preparar um lugar para você.

Não se perturbe o coração de vocês. Creiam em Deus; creiam também em mim. Na casa de meu Pai há muitos aposentos; se não fosse assim, eu lhes teria dito. Vou preparar-lhes lugar. E se eu for e lhes preparar lugar, voltarei e os levarei para mim, para que vocês estejam onde eu estiver.

O Senhor Foi Preparar-lhe Um Lugar

Jesus disse aos Seus discípulos coisas que se tornariam verdade antes de ser capturado para a crucificação. Olhando os seus discípulos, que estavam preocupados depois de ouvir a respeito da traição de Judas Iscariotes, a negação de Pedro e a morte de Jesus, Ele os confortou dizendo que prepararia o lugar onde iriam morar no Céu.

Por esse motivo Ele disse: "Na casa de meu Pai há muitos aposentos; se não fosse assim, eu lhes teria dito. Vou preparar-lhes lugar". Jesus foi crucificado e realmente ressuscitou depois de três dias, rompendo com a autoridade da morte. Depois, após quarenta dias, Ele subiu aos Céus, enquanto muitas pessoas assistiam, para preparar lugares celestiais para você.

Depois, o que significa dizer: "Vou preparar-lhes lugar"?

Está escrito em 1 João 2:2: *"Ele é a propiciação pelos nossos pecados, e não somente pelos nossos, mas também pelos pecados de todo o mundo"*. Isto significa que Jesus rompeu com a parede de pecados entre o homem e Deus, dessa forma, qualquer um pode obter o Céu mediante a fé.

Sem Jesus Cristo, a parede de pecados entre Deus e você não poderia ser derrubada. No Antigo Testamento, quando um homem cometia pecado, oferecia um animal como sacrifício para purificar os seus pecados. Jesus, no entanto, perdoou nossos pecados e se tornou santo ao se oferecer como sacrifício vivo (Hebreus 10:12-14).

Apenas através de Jesus Cristo, a parede de pecado entre Deus e você foi derrubada, agora receberá as bênçãos de entrar no Reino dos Céus e aproveitar a maravilhosa vida eterna.

Na Casa de Meu Pai Há Muitas Moradas

Jesus,em João 14:2 diz: *"Na casa de meu Pai há muitos aposentos"*. O coração do Senhor, que quer que todos sejam salvos é subentendido neste versículo. Além do mais, qual é a razão de Jesus dizer: "Na casa do meu Pai" ao invés de dizer "no Reino dos Céus"? Isto é porque Deus não quer cidadãos, mas filhos, com os quais pode compartilhar seu amor como Pai.

O Céu é governado por Deus e grande o suficiente para acomodar aqueles que são salvos mediante a fé. Ainda, é um lugar tão bonito e tão fantástico que não pode ser comparado a nada neste mundo. No Reino dos Céus, cujo tamanho é inimaginável, o lugar mais bonito e glorioso é a Nova Jerusalém, onde está o trono de Deus. Assim como está a Casa Azul em Seul, capital da Coréia; a Casa Branca em Washington, D.C., a capital dos Estados Unidos. Na Nova Jerusalém temos o local onde está o Trono de Deus.

Ainda, onde está a Nova Jerusalém? Está no centro do Céu e é o lugar onde as pessoas de fé, que agradam a Deus, viverão para sempre. Ao contrário, a outra parte do Céu é o Paraíso. Assim como o ladrão que estava do lado de Jesus na cruz, que O aceitou e foi salvo, aqueles que somente aceitarem Jesus Cristo e não fizerem mais nada pelo Reino de Deus ficarão lá.

O Céu é Dado Conforme a Medida da Fé

Por que Deus preparou muitas moradas no Céu para Seus filhos? Deus é justo e faz com que você colha o que plantou (Gálatas 6:7), e recompensa cada pessoa de acordo com o que fez (Mateus 16:27; Apocalipse 2:23). Por esse motivo Ele preparou muitas moradas, de acordo com a medida da fé.

Romanos 12:3 observa: *"Por isso, pela graça que me foi dada digo a todos vocês: Ninguém tenha de si mesmo um conceito mais elevado do que deve ter; mas, ao contrário, tenha um conceito equilibrado, de acordo com a medida da fé que Deus lhe concedeu"*.

Além disso, você deve perceber que as moradas e a glória de cada pessoa no céu diferirão de acordo com a medida de sua fé.

Dependendo do tanto que se assemelhe com o coração de Deus, sua morada no Céu será determinada. A morada no eterno Céu será decidida de acordo com o tanto que você guardou o céu em seu coração, como uma pessoa espiritual.

Por exemplo, suponhamos que uma criança e um adulto estão competindo um esporte ou tendo uma discussão. O mundo dos adultos e das crianças é tão diferente que um achará chato estar com o outro. Para as crianças, em seu modo de pensar, a linguagem, as ações são muito diferentes. É muito mais divertido quando crianças brincam com crianças, jovens com jovens e adultos com adultos.

É o mesmo que ocorre espiritualmente. O espírito de cada um é diferente. O Deus justo e de amor dividiu as moradas celestiais de acordo com a medida da fé, para que seus filhos fossem felizes.

O Senhor Virá Depois de Preparar as Moradas Celestiais

Em João 14:3, o Senhor prometeu que voltaria e nos levaria ao Reino dos Céus depois de terminar de preparar as moradas celestiais.

Suponha que há um homem que recebeu a graça de Deus e teve muitas recompensas no Céu por ter tido fé. Mas se tomar os caminhos deste mundo, ele perderá a salvação e irá para o inferno. E então suas recompensas serão inúteis.

Às vezes, se desapontamos a Deus ou se voltamos ao nível em que estávamos antes na vida Cristã, nosso galardão diminuirá.

Ainda, o Senhor se lembrará de tudo que fizemos para o Reino, sendo fiéis. Além disso, se santificarmos nosso coração, circuncidando no Espírito Santo, ficaremos com o Senhor, quando Ele voltar. Este local é onde não precisará de luz, pois Ele será a luz. Pelo fato de o Senhor querer que todos os seus filhos sejam perfeitos, Ele disse: *Vou preparar-lhes lugar. E se eu for e lhes preparar lugar, voltarei e os levarei para mim, para que vocês estejam onde eu estiver.* Jesus quer que você se purifique, assim como o Senhor é puro, guardando Sua Palavra.

Quando Jesus cumpriu a vontade de Deus completamente e O glorificou com gratidão, Deus o glorificou e lhe deu um novo nome: "Rei dos Reis, Senhor dos Senhores". Da mesma forma, quanto mais você glorificar o Senhor neste mundo, Deus o recompensará. Quanto mais assemelhar-se a Deus e amá-Lo, mais viverá perto do Trono de Deus no Céu.

As moradas celestiais estão esperando por seus mestres, os filhos de Deus, assim como a noiva que é preparada para receber seu noivo. Este é o motivo pelo qual João escreveu em Apocalipse 21:2: *"Vi a Cidade Santa, a nova Jerusalém, que descia dos céus, da parte de Deus, preparada como uma noiva adornada para o seu marido"*.

Até mesmo os melhores serviços de uma linda noiva neste mundo podem ser comparados ao conforto e felicidade das moradas celestiais. As casas no Céu possuem de tudo e provêem tudo, porque lêem a cabeça de seus mestres para que possam viver felizes para sempre.

Provérbios 17:3 noticia que: *"O crisol é para a prata e o forno é para o ouro, mas o Senhor prova o coração"*. Além disso, eu oro, em nome do Senhor Jesus Cristo, para que você perceba que Deus prepara as pessoas para que se tornem verdadeiros filhos. Santifique-se com a esperança pela Nova Jerusalém e fique no melhor lugar do Céu, sendo fiel.

❧ Capítulo 5 ❧

Como Será Nossa Vida no Céu?

"Há corpos celestes e há também
corpos terrestres;
mas o esplendor dos corpos celestes
é um, e o dos corpos terrestres
é outro.
Um é o esplendor do sol,
outro o da lua, e outro o das estrelas;
e as estrelas diferem em esplendor
umas das outras."

- 1 Coríntios 15:40-41

A felicidade no céu não pode ser comparada até mesmo com a melhor coisa nesta terra. Mesmo se você aproveitar o máximo com seus entes queridos em uma praia, apreciando o horizonte, esse momento será passageiro e certamente uma ilusão. Mesmo aproveitando estes momentos, um pedaço de você se preocupa com o que deve fazer no dia-a-dia. Se você repetir este estilo de vida por um mês ou dois, ficará cheio e buscará algo novo.

No entanto, a vida no Céu, que é clara e bonita como cristal, é a felicidade em si, porque é nova, misteriosa, alegre e assim por diante. Você aproveitará momentos inesquecíveis com Deus – o Pai, nosso Senhor, ou praticar seus "hobbies" favoritos, jogos e muito mais. A seguir, daremos uma olhada em como os filhos de Deus viverão no Céu.

O Estilo de Vida no Céu

Assim como seu corpo físico mudará para o corpo espiritual, que consiste em espírito, alma e corpo no céu, você será capaz de reconhecer sua esposa, marido, filhos e pais desta terra.Você também será capaz de reconhecer seu rebanho ou seu povo nesta terra. Ainda, você se lembrará de tudo aquilo que foi esquecido nesta terra. Será sábio, pois será capaz de distinguir e entender a vontade de Deus.

Alguém pode pensar: "Todos os meus pecados serão expostos no Céu?" Isto não é verdade. Se realmente se arrependeu, Deus não se lembrará de seus pecados, assim como o Oriente está longe do Ocidente (Salmo 103:12), e sim lembrar-se-á de suas boas ações, pois seus pecados foram perdoados.

Então, quando você for para o Céu, como você viverá?

O Corpo Celestial

Os seres humanos e os animais nesta terra possuem sua própria forma, para que todo ser vivente fosse reconhecido como um elefante, leão, águia ou ser humano.

Assim como há um corpo de forma própria neste mundo

tridimensional, há um corpo peculiar no Céu, que está no mundo quadridimensional. Este corpo é chamado de "corpo celestial". No céu, você reconhecerá os outros por este corpo. Então, como será este corpo celestial?

Quando o Senhor retornar nos ares, cada um de nós será transformado em um corpo ressurreto que é um corpo espiritual. Este corpo ressurreto será transformado em corpo espiritual, que é considerado um nível maior, depois do Julgamento Final. De acordo com o galardão de cada um, a luz da glória refletirá em cada corpo de forma diferente.

Um corpo celestial possui carne e osso conforme o corpo de Jesus após a ressurreição (João 20:27), mas é o novo corpo que consiste em espírito, alma e um corpo imortal. Nosso corpo mortal está mudando para o novo corpo pela Palavra e Poder de Deus.

O corpo celestial consiste em ossos imortais e carnes que brilharão por serem limpas e claras. Mesmo se alguém não possui uma perna ou um braço ou até outra deficiência, o corpo celestial será transformado em um corpo perfeito.

O corpo celestial não é como uma sombra, pelo contrário, possui uma forma clara, e não está sob o controle do tempo ou espaço. Por este motivo, Jesus apareceu aos seus discípulos depois da Ressurreição. Ele pôde passar pelas portas sem destrancá-las (João 20:26).

O corpo nesta terra perecerá, mas o corpo celestial será renovado e imortal, mantendo assim a juventude e brilhará como o sol.

Os 33 Anos

Muitas pessoas imaginam que o corpo celestial é grande como o de um adulto ou pequeno como o de uma criança. No Céu, todos, morrendo jovem ou velho, terão eternamente a idade dos 33 anos, idade com a qual Jesus foi crucificado.

Por que Deus permitiria que tivéssemos a idade de 33 anos para sempre? Assim como o sol é o senhor do dia, a idade de 33 anos é o marco na vida de um homem.

Aqueles que possuem menos que 30 anos podem parecer inexperientes ou imaturos, e aqueles que estão acima dos 40 anos perdem sua energia à medida que envelhecem. Ainda, a maioria se casa, possui filhos. Com isso, fica um pouco fácil entender o coração de Deus ao criar o homem nesta terra.

Desta forma, Deus mudará seu corpo para um celestial, para que você mantenha a idade dos 33 anos, a mais bonita idade dos seres humanos para sempre, nos Céus.

Relação Biológica

Se você permanecer com a mesma idade física ao deixar este mundo, como seria engraçado! Digamos que um homem morreu com 40 anos e foi para o Céu. Seu filho foi para o Céu aos 50 anos de idade e seu neto morreu aos 90 e também foi para o Céu. Quando se encontrarem, o neto seria o mais velho, e o avô o mais novo.

Além disso, no Céu onde nosso Deus reina com justiça e amor, todos terão 33 anos, e a relação biológica ou física desta terra não será aplicada.

Ninguém chamará um ao outro de "pai", "mãe", "filho" ou "filha", mesmo que tenham este parentesco na terra. Isso deve-se ao fato de todos serem irmãos e irmãs, pois são filhos de Deus, mesmo sabendo do grau de relacionamento e do amor que um possui pelo outro nesta terra.

E, se no entanto, uma mãe fosse para o Segundo Reino do Céu e seu filho para a Nova Jerusalém? Nesta terra, evidentemente, o filho tem que servir sua mãe. No Céu, entretanto, a mãe terá que se prostrar ao seu filho, pois o mesmo se assemelha mais a Deus, e a luz que reflete de seu corpo celestial brilhará muito mais do que sua própria luz.

Além disso, você não chamará ninguém pelos mesmos nomes que possuíram nesta terra, mas o Senhor Deus dará novos e apropriados nomes que possuem significados espirituais. Até mesmo nesta terra, temos o caso de Abrão que teve seu nome modificado para Abraão, devido ao seu significado espiritual. Outro exemplo é o de Sarai para Sarah, Jacó para Israel, que significa aquele que lutou com Deus e venceu.

Diferenças Entre o Homem e a Mulher no Céu

No Céu não haverá casamento, mesmo assim haverá uma distinção clara entre homens e mulheres. Primeiro de tudo, há uma diferença no tamanho, sendo a mulher um pouco menor.

Muitas pessoas se preocupam com sua estatura – se acham muito baixas ou muito altas, mas não haverá este tipo de preocupação no Céu. Ainda, não precisaremos nos preocupar com o peso, porque todos possuirão ótima forma.

Um corpo celestial não possui peso algum, mesmo aparentando ter, fazendo com que se andarmos sobre as flores, nenhuma morrerá ou amassará. Este corpo, apesar de não possuir peso, não será leve para ser levado pelo vento. Será estável. Possuiremos peso, mesmo sabendo que não poderemos senti-lo.

O cabelo será loiro e um pouco ondulado. Os cabelos masculinos irão até o pescoço, e os cabelos femininos diferirão de uma para a outra. Um cabelo longo significará que aquela mulher recebeu um grande galardão. O cabelo mais longo irá até o máximo, na cintura. Além disso, é uma glória tremenda ter um cabelo longo (1 Coríntios 11:15).

Neste mundo, a maioria das mulheres espera ter uma pele clara e macia. Geralmente aplicam cosméticos para mantê-las firmes e macias, sem rugas. No Céu, todas possuirão uma pele impecável, tão branca, clara, limpa e brilhante em toda sua glória.

Além disso, já que não há mal algum no Céu, não precisaremos de maquiagens ou vestimentas, nem nos preocupar com a aparência, pois tudo é maravilhoso. A luz da glória que vem do corpo celestial será de acordo com o galardão de cada um. Ainda, a ordem é mantida e decidida por Ele.

O Coração do Povo Celestial

O povo que possui o corpo celestial possui o coração do espírito, que está na natureza divina e não possui mal algum. Assim como as pessoas querem ter e tocar o que é bom e bonito nesta terra, o coração das pessoas que possuem o corpo celestial quer sentir a beleza das coisas, tocá-las. Ainda, não haverá rancor ou inveja.

Além disso, as pessoas mudam de acordo com seus interesses neste mundo e se cansam das coisas, mesmo se forem boas e bonitas. O coração do corpo celestial não possuirá inveja e jamais mudará.

Por exemplo, as pessoas desta terra, se pobres, comem seus alimentos, mesmo sabendo que são simples e de baixa qualidade, saboreando-os. Ao ter melhores condições, não ficam satisfeitos com o que costumavam comer e procuram por melhores alimentos. Se você comprar um novo brinquedo para seu filho, estará feliz no início, mas depois de alguns dias não importará mais e procurará algo novo. No Céu, no entanto, não existirá tal pensamento. Se gostar de algo, gostará para sempre.

As Vestes

Algumas pessoas podem pensar que as roupas no Céu serão as mesmas, mas este não é o caso. Deus, o Criador, o Justo Juiz, lhe dará aquilo conforme com o que você fez. Além disso, assim como os galardões são diferentes, as roupas também serão e estarão de acordo com as obras nesta terra (Apocalipse 22:12). Então, que tipo de veste teremos, quando estivermos no Céu?

Vestes Celestiais com Cores e Tipos Diferentes

No Céu, todos usam basicamente vestes brancas brilhantes.

Elas são macias e reluzentes. Aparentam também não ser pesadas e balançam maravilhosamente.

O brilho que vem das vestes celestiais é diferente. Quanto mais nos parecermos com o coração de Deus, mais reluzentes serão nossas vestes.

Ainda, dependendo do quanto você trabalhou pelo Reino de Deus e o tenha glorificado, vários tipos de vestes de vários formatos e materiais serão dados, conforme as obras de cada um.

Nesta terra, as pessoas usam diferentes tipos de roupa de acordo com sua posição social e econômica. Da mesma forma, no Céu usaremos roupas com mais cores e modelos, conforme nossa posição. Além disso, acessórios e estilos de cabelos serão diferenciados.

Além disso, as pessoas no mundo antigo reconheciam umas às outras, classificando seu "status" social, através de suas vestes. Da mesma forma, os povos celestiais serão diferenciados de acordo com a posição e o galardão de cada um.

E mais, aqueles que entrarem na Nova Jerusalém ou contribuírem para o Reino de Deus, receberão as mais bonitas, coloridas e brilhantes vestes.

Por um lado, se você não fizer muita coisa pelo Reino de Deus, receberá poucas vestes no Céu. Por outro lado, se você trabalhou muito com fé e amor, será capaz de receber inúmeras vestes com cores e modelos diferentes.

Vestes Celestiais com Diferentes Sinais

Deus dará vestes com diferentes sinais para mostrar a glória de cada um. Assim como a família real do passado expressou sua posição colocando sinais especiais em suas vestes, as vestes no Céu terão sinais diferentes e mostrarão a posição celestial de cada um.

Existirão sinais de graças, louvor, oração, alegria, glória e assim por diante, que poderão ser vistas nas vestes, no Céu. Ao entoar louvores nesta vida, em gratidão por tudo que Deus fez, Ele receberá o aroma suave e lhe dará um sinal especial em sua vestimenta.

Os sinais de alegria e graça serão colocados naqueles que verdadeiramente se alegraram no Senhor de todo coração e se lembraram da graça do Senhor – o Pai – que lhes deu a vida eterna no Reino dos Céus, mesmo enfrentando as dificuldades desta terra.

Depois, o sinal da oração será colocado para aqueles que oraram pelo Reino de Deus. Dentre eles, no entanto, o sinal mais bonito será o da glória. Este, no entanto, é o mais difícil de obter. Este sinal somente será dado àqueles que fizeram tudo para a Glória de Deus, com todo coração. Assim como o Rei ou o Presidente de um país recompensa alguém com uma medalha de honra ao mérito, este sinal é particularmente dado àqueles que trabalharam arduamente e glorificaram o nome do Senhor. Além disso, aqueles que possuírem a veste com o sinal da glória serão os mais nobres no Reino dos Céus.

Galardões de Coroas e Jóias

Existem inúmeras jóias no Céu. Algumas jóias são dadas

como sinais e colocadas nas vestes. No livro de Apocalipse lemos que o Senhor está usando uma coroa de ouro e também um cinturão de ouro ao redor de seu peito. Estes também são galardões dados a Ele por Deus.

A Bíblia menciona vários tipos de coroas. Os padrões para que possam ser recebidas coroas e o valor de cada uma é diferente, pois são dadas como recompensa.

Existem vários tipos de coroas que são dadas, de acordo com as obras de cada um, assim como as que são dadas àqueles que competem em jogos (1 Coríntios 9:25); a coroa da glória que é dada àqueles que glorificam a Deus (1 Pedro 5:4); a coroa da vida que é dada àqueles que foram fiéis ao ponto da morte (Tiago 1:12; Apocalipse 2:10); a coroa de ouro que os 24 anciãos usavam ao redor do Trono de Deus (Apocalipse 4:4; 14:14); e a coroa da justiça que Paulo recebeu (2 Timóteo 4:8).

Ainda, existem coroas de vários formatos que são decoradas com jóias como a coroa de ouro, coroa de flores, coroa de pérolas e assim por diante. Pelo tipo de coroa que cada um receber, reconheceremos a santidade e o galardão.

Neste mundo, qualquer um poderá comprar uma jóia se tiver dinheiro, mas no Céu somente as teremos, se forem dadas como recompensa. Fatos como o número de pessoas que você guiou ao caminho da salvação e o tanto que você ofereceu de coração. Além disso, as jóias e as coroas devem ser diferentes, porque serão dadas de acordo com as obras de cada um. Ainda, a luz, a beleza, o esplendor e o número de jóias das coroas serão diferenciados.

Da mesma forma será feito com as habitações e as casas do céu. As habitações diferirão de acordo com a fé de cada um: o tamanho, a beleza, a claridade do ouro e das jóias. Teremos uma explicação melhor deste tópico no Capítulo 6.

Alimentação no Céu

Quando o primeiro homem – Adão e Eva – viveram no Jardim do Éden, comiam apenas frutos e sementes (Gênesis 1:29). No entanto, quando Adão foi expulso do Jardim do Éden, devido à sua desobediência, passaram a comer as plantas do campo. Depois do Dilúvio, foi permitido que as pessoas comessem carne. Dessa forma, desde que o homem se tornou mau, o tipo de alimentção que tinha também mudou.

O que, então, você comerá no Céu, onde não há lugar para o mal? Alguns podem até imaginar se o corpo celestial sentirá fome e precisará se alimentar. No Céu, você poderá beber da Água da Vida, ou comer ou sentir o aroma de muitos tipos de fruta.

O Fôlego do Corpo Celestial

Assim como a humanidade respira nesta terra, os corpos celestiais respirarão no Céu. Claro, o corpo não precisa respirar o tempo todo, pode descansar entre uma respiração e outra. Porém, o corpo celestial não respirará somente com o nariz ou a boca, mas também com os olhos ou as células da pele, ou até mesmo com o coração.

Deus sopra o fôlego de vida em nossos corações pois Ele é Espírito. Ele se alegrava com os sacrifícios dos justos e sentia o aroma suave de seus corações nos tempos do Antigo Testamento (Gênesis 8:21). No Novo Testamento, Jesus, que é puro e imaculado, morreu por nós, se ofereceu como sacrifício vivo a Deus como um aroma suave (Efésios 5:2).

Além disso, Deus recebe o aroma suave de nosso coração quando louvamos, oramos ou cantamos louvores com o coração puro. Quanto mais você se parecer com o Senhor e se tornar justo, mais exalará o aroma de Cristo, que é agradável a Deus. Deus recebe seu louvor e oração com prazer através do aroma suave.

Em Mateus 26:29, você verá que o Senhor está orando por você desde quando subiu aos Céus, sem comer nada nestes dois milênios. Viveremos para sempre em um corpo de glória que nunca perecerá.

Quando o corpo celestial respira, no entanto, sentirá cada vez mais alegria e felicidade, e o espírito se revigorará. Assim como as pessoas balanceiam sua dieta para manter a saúde, o corpo celestial se agrada do aroma suave no Céu.

Então, quando muitos tipos de flores e frutos liberam seu aroma, os corpos celestiais sentirão este aroma. Mesmo se a flor exalar o mesmo aroma sempre, será sempre gratificante.

Além disso, quando o corpo celestial sentir o maravilhoso aroma das flores e dos frutos, o mesmo se adaptará ao corpo como perfume. O corpo exalará este aroma até que o mesmo desapareça. Da mesma forma que você se sente bem, colocando um perfume nesta terra, o corpo celestial se sentirá feliz devido à maravilha do aroma.

Necessidades Através da Expiração

Como as pessoas comerão e continuarão suas vidas no Céu? Na Bíblia vemos que o Senhor Jesus apareceu aos Seus discípulos depois da Ressurreição e soprou sobre eles (João 20:2) e lhes deu comida (João 21:12-15). A razão pela qual o Senhor ressuscitado se alimentou não é porque tinha fome, mas para compartilhar alegria com seus discípulos e para que os mesmos soubessem que comeriam no Céu, com seus corpos celestais. Por isso a Bíblia nos mostra que Jesus Cristo, após a ressurreição, comeu pão e peixe.

Quando nos alimentarmos no Céu, a comida dissolverá, imediatamente e será excretada através da expiração. No Céu, a comida se desintegrará em um instante e deixará o corpo através da expiração. Por esse motivo, não serão necessários banheiros. Como será confortável e espantoso será quando a comida consumida deixar o corpo através da expiração e ser dissolvida!

O Transporte

Através da história da humanidade, com o desenvolvimento da ciência, meios de transporte eficazes foram feitos como carros, carroça, navios, aviões, trens e assim por diante.

Haverá vários tipos de transporte no Céu também. Haverá um sistema de transporte público, como trens, nuvens e carroças de ouro.

No céu, o corpo celestial andará bem rápido ou poderá até voar, pois está além do tempo e espaço, mas é muito mais interessante utilizar o transporte obtido como galardão.

Viagens e Transportes no Céu

Como será legal e maravilhoso, se você puder viajar e conhecer todo o Céu e conhecer todas as maravilhas que Deus fez!

Cada cantinho do Céu possui uma particularidade, por isso, você aproveitará cada parte. Ainda, pelo fato de o coração celestial não mudar, nunca ficará entendiado ou cansado de visitar o mesmo lugar novamente. Por isso, viajar no Céu será sempre divertido!

O corpo celestial não precisa de nenhum tipo de transporte, pois não se cansará e ainda poderá voar. No entanto, o uso de vários veículos nos trará conforto.

Então, se você utilizar um trem no Céu, que será decorado com muitas cores de jóias, poderá ir a qualquer destino, mesmo sem trilhos. Poderá se deslocar para a direita ou para a esquerda, para cima ou para baixo.

Quando as pessoas que habitam no Paraíso forem à Nova Jerusalém, poderão utilizar os trens porque um lugar fica um pouco distante do outro. Será muito emocionante aos passageiros. Voar através das luzes, dará uma visão maravilhosa do Céu.

Dentre os transportes que terão no Céu, haverá uma carroça de ouro que uma pessoa especial na Nova Jerusalém guiará, quando estiver no Céu. Ele possui asas brancas e terá um botão ao lado. Com este botão, moverá automaticamente, e poderá andar ou voar.

Automóveis Feitos de Nuvens

As nuvens no Céu são utilizadas como decorativas. Quando os corpos celestiais se moverem a outros lugares com as nuvens rodeando-os, brilharão muito mais do que se estivessem sem elas.

A Bíblia nos diz que o Senhor está voltando com as nuvens (1 Tessalonicenses 4:16-17), e isso é porque "ir com as nuvens de glória" é muito mais majestoso, digno e incrível do que chegar sem nada. Da mesma forma, as nuvens do Céu existirão para adicionar a glória aos filhos de Deus.

Se você estiver qualificado para entrar na Nova Jerusalém, poderá ter a mais bonita nuvem. Mas esta não será feita de vapor de água como é a da nossa terra, mas será uma nuvem de glória.

A "nuvem automóvel" nos mostra a glória, dignidade e autoridade de seu possuidor. No entanto, nem todos poderão tê-la, pois será dada somente àqueles que são qualificados a entrar na Nova Jerusalém. Esses qualificados são os que se santificaram e foram fiéis a Deus.

Aqueles que entrarem na Nova Jerusalém poderão ir a qualquer lugar com o Senhor com sua "nuvem automóvel". Durante o passeio, os seres celestiais e os anjos escoltarão e servirão o dono. É como os servos de um Rei ou Príncipe quando estão na estrada. Além disso, a escolta e os serviços dos seres celestiais e dos anjos mostram a autoridade e a glória do dono.

As "nuvens automóveis" serão usualmente dirigidas por anjos. Haverá nuvens de um lugar ou de vários, para que as pessoas possam passear juntas. Quando uma pessoa na Nova Jerusalém jogar golfe e se mover no campo, a nuvem virá correndo e parará no pé de seu mestre. Quando chegar, o veículo se moverá até a bola suavemente.

Imagine que você esteja voando no Céu, utilizando uma "nuvem automóvel" com a escolta de seres celestiais e anjos na Nova Jerusalém. Ainda, imagine só você andando nas nuvens com o Senhor, ou viajando pelo Céu no trem com os seus entes queridos. Você provavelmente ficará agradecido, feliz e maravilhado.

Entretenimento no Céu

Algumas pessoas podem pensar que não haverá muita diversão no Céu, mas isso não é verdade. Você pode ficar cansada ou até não ficar completamente satisfeito com a diversão neste mundo, mas no mundo espiritual, a diversão sempre é nova e revigoradora.

Até mesmo neste mundo, quanto mais você exercitar o seu espírito, mais experimentará o amor profundo e mais será feliz. No Céu, você experimentará não somente o seu "hobbie", mas também vários tipos de entretenimento, incomparáveis ao entretenimento desta terra.

"Hobbies e Jogos"

Assim como as pessoas deste mundo desenvolvem seus

talentos para fazer sua vida mais proveitosa, através de seus "hobbies", o mesmo acontecerá no Céu. Você poderá fazer não somente aquilo de que você gosta, mas também as que você conhecer no Céu. Aproveitará novas coisas.

Aqueles que tiverem interesses em instrumentos musicais poderão louvar a Deus, tocando a harpa. Ou então você poderá aprender a tocar o piano, flauta ou outro instrumento. Você aprenderá bem fácil, porque todos no céu serão muito espertos.

Você também poderá conversar com a natureza e os animais celestes, se for do seu agrado. Até mesmo as plantas e os animais reconhecem os filhos de Deus, dão as boas-vindas, e expressam seu amor e respeito.

Ainda, os equipamentos esportivos reconhecem os corações das pessoas e conferem mais realizações a quem os usa. Por exemplo, se você gosta de boliche, a bola ou os pinos mudarão suas cores, e ficarão na distância que você quiser. Os pinos cairão com uma bela luz e com um som encantador. Se você perder para o seu parceiro, os pinos moverão de acordo com o seu desejo para que o façam feliz.

No Céu, não haverá mal, com isso não há quem queira vencer ou perder. Dar prazer e benefícios ao outro significa ganhar o jogo. Algumas pessoas podem até imaginar qual é o sentido de não ganhador ou perdedor, mas no Céu, você não sentirá prazer em ganhar de alguém. Jogar o jogo em si é a diversão.

É claro, existem alguns jogos com os quais você obtém prazer através de uma boa e justa competição. Por exemplo, há um jogo no qual você ganhará de acordo com a maior quantidade de perfume das flores que você respirar.

Vários Tipos de Entretenimento

Alguns que gostam de jogos se perguntam se realmente haverá tais entretenimentos no Céu. Claro que existem muitos jogos e que são mais divertidos do que os desta terra.

Os jogos no Céu, diferentemente dos jogos desta terra, nunca o cansarão ou deixarão sua vista cansada. Nunca se sentirá entediado com eles. Ao contrário, eles lhe deixarão rejuvenecido e em paz. Se você ganhar ou tiver a melhor pontuação, ficará mais entusiasmado e nunca perderá interesse.

As pessoas no Céu possuem os corpos celestiais e nunca ficam assustadas ou petrificadas ao freqüentar parques incríveis. Somente sentirão prazer e emoção. Então, até mesmo as pessoas que tiveram acrofobia nesta terra poderão aproveitar tais coisas no Céu o quanto quiserem.

Mesmo se você cair de uma montanha-russa, não se machucará, porque possuirá um corpo celestial. Você cairá perfeitamente como um mestre de artes marciais ou os anjos o protegerão. Então imagine só se você está em uma montanha-russa, gritando com o Senhor e todos os seus entes queridos. Como será incrível!

Louvor, Educação e Cultura

Não haverá trabalho para obter alimento, roupa e casa no Céu. Alguns poderão imaginar: "O que faremos para sempre? Não seremos inúteis dessa forma?" No entanto, não haverá preocupação nenhuma.

No Céu, há tantas coisas para se fazer! Existem atividades de vários interesses e exercitantes como jogos, educação, louvor, louvores, festas, festivais, viagens e esportes.

Você não é obrigado a fazer nenhuma destas atividades. Todos fazem voluntariamente e fazem com alegria.

Louvores Alegres Diante do Senhor

Assim como você presta louvores ao Senhor Deus em uma hora específica nesta terra, você também louvará Deus em certo momento no Céu. É claro, Deus prega suas mensagens e, através de suas mensagens, você poderá aprender sobre a origem de Deus e sobre o campo espiritual, que não possui início ou fim.

Geralmente, aqueles que sobressaem em seus estudos alcançam seu professor. Mesmo vivendo uma vida de fé, aqueles que amam a Deus e O louvam em espírito e verdade, buscam louvores variados e buscam o pastor, que prega a Palavra da Vida.

Quando você for para o Céu, você se sentirá feliz em louvar a Deus e em escutar a Palavra de Deus. Você poderá escutá-la através do louvor, ao andar com Deus, ou Ouvindo-O. Ainda, teremos hora para as orações. Você não orará de joelhos ou com os olhos fechados conforme fazia aqui na terra. Será o tempo de conversar com Deus. As orações no Céu são os momentos para conversar com Deus, o Senhor, e o Espírito Santo. Como será maravilhoso!

Você também poderá louvar a Deus da forma que faz aqui na terra. Ainda, isso não é uma linguagem deste mundo, mas você louvará a Deus com novas canções. Aqueles que foram aos ensaios juntos com você ou os membros de uma mesma igreja aqui na terra, poderão também se reunir para louvar e ter um momento de comunhão.

Então, como as pessoas louvarão juntas no Céu, especialmente levando-se em conta o fato de que suas habitações estão em locais diferentes? No Céu, as luzes dos corpos celestiais diferem em cada habitação, por esse motivo, emprestarão as roupas apropriadas para ir a cada um dos lugares de níveis diferentes. Além disso, para louvar a Deus na Nova Jerusalém, que é coberta da luz da glória, receberão as roupas emprestadas por outras pessoas.

A propósito, da mesma forma que você pode louvar e assistir a um culto através de satélites no mundo, ao mesmo tempo, você poderá fazer a mesma coisa no Céu. Você poderá participar ou assistir ao louvor da Nova Jerusalém de outras partes do Céu, e a tela no Céu é tão natural que você sentirá que estará pessoalmente no local.

Ainda, você poderá convidar os patriarcas como Moisés e Paulo, o apóstolo, e louvar todos juntos. No entanto, você deve ter uma autoridade espiritual apropriada para convidar essas nobres figuras.

Aprendendo Sobre os Novos e Profundos Segredos Espirituais

Os filhos de Deus aprendem muitas coisas espirituais, enquanto são criados nesta terra, mas o que aprendem aqui, é apenas um passo para ir ao Céu. Depois de entrar no Céu, eles começam a aprender sobre o Novo Mundo.

Por exemplo, quando os crentes em Jesus Cristo morrerem, exceto aqueles que forem para a Nova Jerusalém, ficarão em um lugar na extremidade do Paraíso e começarão a aprender sobre as etiquetas e regras dos Céus e dos anjos.

Assim como as pessoas desta terra devem ser educadas para se adaptarem à sociedade quando crescerem, para viverem na nova "casa", devem aprender todos os detalhes para saberem como ficar.

Alguns podem imaginar por que devem estudar no Céu, já que aprenderam muitas coisas nesta terra. Aprender nesta terra é um treinamento espiritual em processo, e o verdadeiro aprendizado começará somente quando estiver no Céu.

Da mesma forma, não haverá fim para o aprendizado porque o Reino de Deus é ilimitado e dura para sempre. Não importa o tanto que você aprenda, você não aprenderá completamente sobre Deus que é o mesmo desde o início dos tempos. Você não será capaz de saber a profundidade de Deus, que controla todo o universo e que estará conosco para sempre.

Além disso, você pode experimentar incontáveis coisas, se for ao ilimitado campo espiritual. Este campo possui um aprendizado muito interessante e divertido, diferentemente de alguns estudos deste mundo.

O aprendizado espiritual não é compulsório e você não precisará passar por nenhum teste. Você não esquecerá o que aprendeu, por isso nunca será difícil ou exaustivo. Nunca ficará entediado.

Festas, Banquetes e Performances

Existirão vários tipos de festas e performances no Céu. Estas festas serão pináculos de prazer. Será onde você experimentará a felicidade contemplando toda a riqueza, liberdade, beleza e a glória do Céu.

Da mesma forma que as pessoas se enfeitam para ir a festas e comem, bebem e aproveitam as melhores coisas, você terá festas como as pessoas que também se enfeitarão maravilhosamente. As festas serão cheias de danças, músicas, sons de risos e alegrias.

Ainda, haverá lugares como o Carnegie Hall em Nova Iorque ou a Casa de Ópera em Sidney na Austrália, onde encontrará maravilhosas performances. As performances no Céu não têm outro motivo, a não ser para a glorificar a Deus.

As performances serão realizadas por aqueles que glorificam a Deus maravilhosamente com louvores, danças e instrumentos musicais nesta terra. Às vezes estas apresentações podem até ser as mesmas desta terra. Ou, aqueles que querem fazer estas coisas no Céu, poderão fazer.

Ainda, existem teatros e cinemas nos quais poderemos assistir a filmes. No Primeiro ou Segundo Reino, eles assistirão a filmes em teatros públicos. No Terceiro Reino e na Nova Jerusalém, cada residente possui o aparato em sua casa. As pessoas poderão assistir a filmes e convidar seus entes queridos para um lanche.

Na Bíblia, o apóstolo Paulo esteve no Terceiro Céu, mas não pôde revelá-lo (2 Coríntios 12:4). É muito difícil fazer com que as pessoas compreendam porque não é muito compreensível ao homem. Ao contrário, com certeza ninguém o compreenderia.

O Céu pertence ao campo espiritual. Existem tantas coisas, que não podemos nem imaginar, pois são cheias de alegrias, que não experimentaremos igual aqui na terra.

Deus preparou o Céu tão perfeito, para que pudéssemos viver, e Ele nos encoraja a ter as qualificações necessárias para fazer parte dele.

Além disso, eu oro, em nome do Senhor, para que você possa recebê-Lo com alegria e obtenha as qualificações necessárias para estar preparado ao Noivo quando Ele voltar.

Capítulo 6

Paraíso

Jesus lhe respondeu:
"Eu lhe garanto: Hoje você estará
comigo no paraíso"

- Lucas 23:43

Todo aquele que crê em Jesus Cristo como seu único Senhor e Salvador e os nomes que estiverem escritos no livro da vida, serão capazes de experimentar a vida eterna no Céu. Como eu já havia explicado, no entanto, existem etapas no crescimento cristão, e as habitações, coroas e galardões no Céu dependerão da medida da fé de cada um.

Aqueles que mais se assemelharem ao coração de Deus viverão perto de Seu trono, e quanto mais afastados dele, menos se assemelharam ao coração de Deus.

O Paraíso é o lugar mais longe do Trono de Deus, que é local onde está a Glória de Deus e é o nível mais baixo no Céu. Ainda assim, é incomparável a tudo nesta terra, muito mais bonito do que o Jardim do Éden.

Então, que tipo de lugar é o Paraíso e que tipo de pessoa irá para lá?

A Beleza e Felicidade do Paraíso

A área na extremidade do Paraíso é usada como um Lugar de Espera até que aconteça o Dia do Grande Julgamento do Trono Branco (Apocalipse 20:11-12). Com exceção daqueles que forem para a Nova Jerusalém, após terem cumprido o disposto no coração de Deus e terem trabalhado em Sua obra, todos os outros salvos, desde o Início dos Tempos, estarão nas áreas da extremidade do Paraíso.

Então você pode perceber que o Paraíso é tão largo, que suas áreas na extremidade são usadas como Lugar de Espera para muitas pessoas. Mesmo sabendo que este lado do Paraíso é o nível mais baixo do Céu, ainda é infinitamente mais bonito e mais feliz que esta terra, o local amaldiçoado por Deus.

Além disso, por ser um lugar onde aqueles que foram criados na terra irão entrar, há muito mais alegria e felicidade do que no Jardim do Éden, onde o primeiro homem Adão viveu.

Agora, veremos um pouco mais da beleza e da alegria do Paraíso que Deus revelou.

As Largas Planícies Cheias de Animais e Plantas

O Paraíso é como uma larga planície, com um verde bem organizado e lindos jardins. Muitos anjos fazem a manutenção e tomam conta destes lugares. O cantar dos pássaros é tão claro e puro, que ecoa por todo o Paraíso. Eles parecem bem com os pássaros desta terra, mas são um pouco maiores e têm penas mais coloridas. Em grupo, ao cantar, ficam mais bonitos.

Ainda, as árvores e as flores nos jardins são tão frescas e bonitas! As árvores e as flores desta terra envelhecem com o passar de tempo, mas no Paraíso, serão sempre verdinhas e as flores sempre bonitas o tempo todo! Quando alguém se aproximar delas, as flores sorrirão e, de longe, sentiremos seu perfume.

As árvores perenes suportam vários tipos de frutos. Elas possuem frutos um pouco maiores que os frutos desta terra. A pele é tão brilhante e são tão saborosos! Você não precisará descascar a pele de nenhum fruto, pois ele estará livre de qualquer verme ou sujeira. Como será maravilhosa a cena na qual as pessoas estarão sentadas em uma planície conversando, com suas cestas cheias de deliciosos e apetitosos frutos!

Ainda, teremos animais nesta vasta planície. Entre eles, leões que se alimentam da pastagem, calmamente. Serão muito maiores que os deste mundo, mas sem nenhuma agressividade. São dóceis e belos.

O Rio da Água da Vida Flui Calmamente

O Rio da Água da Vida fluirá pelo Céu e virá da Nova Jerusalém até o Paraíso, e nunca evaporará ou ficará poluído. A água deste rio tem sua origem no Trono de Deus e representa o Seu coração. É a mente clara e bonita que é sem culpa, sem pecado e longe da escuridão. O coração de Deus é perfeito e completo em tudo.

O Rio da Água da Vida, que calmamente flui, é como um delicioso mar, em um dia de verão, refletindo o pôr do sol. É tão clarinho e tão transparente que não pode ser comparado a nenhum tipo de água deste mundo. Observando-o a uma distância, parecerá azul como o mar do Mediterrâneo ou do Oceano Atlântico.

Existem também lindos bancos ao longo das estradas em cada lado do Rio da Vida. Ao redor desses bancos, existem árvores da vida, cheias de frutos o ano inteiro. Esses frutos são maiores que os nossos e exalam seu aroma delicioso que nem poderemos descrever! Derreterão como algodão doce ao colocar na boca.

Não Haverá Propriedades Pessoais no Paraíso

As pessoas no Paraíso no entanto, usarão roupas brancas feitas em uma peça, mas não haverá nenhum broche ou coroas. Isso é porque não fizeram nada pelo Reino de Deus, quando viveram nesta terra.

Pelo motivo de quem vai ao Paraíso não ter galardões, não haverá casas, coroas, decorações ou anjos designados a servi-los. Existe apenas um lugar para os espíritos que viverão no Paraíso. Cada um servirá um ao outro.

É muito similar ao Jardim do Éden, onde não há uma casa para cada um, mas há uma diferença significante entre os dois lugares. As pessoas no Paraíso podem chamar Deus "Aba Pai" porque aceitaram a Jesus Cristo e receberam o Espírito Santo, assim possuem uma felicidade que não pode ser comparada com a do Jardim do Éden.

Além disso, é uma bênção tão grande e é uma coisa tão preciosa ter vivido neste mundo, porque assim, você pôde experimentar as coisas boas e as ruins, tornar-se filho de Deus e ter fé.

O Paraíso é Cheio de Alegrias

Até mesmo a vida no Paraíso é cheia de felicidade e alegrias. Isso é porque não há mal algum e todos buscam o benefício dos outros. Ninguém está "armado" contra ninguém, somente buscam servir uns aos outros com amor. Como é maravilhosa esta vida!

Aém disso, não ter preocupação com a moradia, vestimenta e comida, e o fato de que não haverá lágrimas, tristezas, doenças, dores ou morte, é a alegria em si.

Ele enxugará dos seus olhos toda lágrima. Não haverá mais morte, nem tristeza, nem choro, nem dor, pois a antiga ordem já passou. (Apocalise 21:4).

Você também verá que existirão anjos chefes entre todos os anjos, e que há uma hierarquia entre as pessoas no Paraíso, como por exemplo, representantes e representados. Isso porque os atos de fé de cada um são diferentes, aqueles que possuem uma fé maior são considerados representantes e os que não possuem uma fé tão grande assim, representados. Os primeiros tomam conta de um lugar ou um grupo de pessoas.

Estas pessoas usarão roupas diferentes das que as dos representados e possuirão prioridades em tudo. Isso, no entanto, não é injusto, e sim justo, pois a eles foram dados benefícios por possuírem uma fé maior.

Não haverá inveja ou ciúmes no Céu, por esse motivo, as pessoas não odiarão e não se sentirão ofendidas por não receberem algo. Ao contrário, ficarão felizes e satisfeitas de ver os outros recebendo boas coisas.

Com certeza o Paraíso é um lugar incomparável e muito mais bonito do que este mundo em que vivemos.

Que Tipo de Pessoa Irá Para o Paraíso?

O Paraíso é um local maravilhoso e feito com o grande amor de Deus e com a sua misericórdia. É um lugar feito para aqueles que não foram qualificados o suficiente para serem chamados verdadeiros filhos de Deus, mas O conheceram e creram em Jesus Cristo e não podem ser lançados no inferno. Então, que tipo de pessoa exatamente vai para o Paraíso?

Os Que Se Arrependem Antes de Morrer

Em primeiro lugar, o Paraíso é um lugar para onde irão os que se arrependeram antes de sua morte e aceitaram a Jesus Cristo, para serem salvos, como o ladrão que estava ao lado de Jesus na Cruz. Se lermos Lucas 23:29 e seguintes, veremos que os dois ladrões foram crucificados ao lado de Jesus. Um dos ladrões proferiu insultos a Jesus e o outro repreendeu primeiro, se arrependeu de seus pecados e aceitou Jesus como seu Senhor e Salvador. Depois, Jesus disse ao mesmo, que ele havia sido salvo.

Ele disse: "Eu lhe garanto: Hoje você estará comigo no paraíso". Este ladrão apenas aceitou a Jesus como o seu Senhor. Ele não se purificou de seus pecados e não viveu conforme a Palavra de Deus. Por ter aceitado a Deus perto de sua morte, ele não teve tempo para conhecer verdadeiramente a Deus e nem viver de acordo com ela.

Você deve entender que o Paraíso é para aqueles que somente aceitaram a Jesus Cristo, mas não fizeram nada pelo Reino de Deus, como o ladrão descrito em Lucas 23.

Ainda, se você pensar: "Eu aceitarei Jesus somente quando estiver para morrer, pois assim estarei apto a ir para o Paraíso", é uma idéia bem errada. Deus permitiu que o ladrão que estava ao lado de Jesus na cruz fosse salvo, porque conhecia o coração dele e sabia que ele verdadeiramente queria aquilo. Não podemos e não conseguiremos enganar a Deus.

No entanto, nem todos podem aceitar o Senhor antes de morrer, a fé não é dada assim em um instante. Além disso, você deve entender que há uma certa raridade no caso que ocorreu com o ladrão ao lado de Jesus.

Ainda, as pessoas que recebem este tipo de salvação ainda possuem o mal em seus corações, porque viveram como queriam.

Serão gratos para sempre, somente pelo fato de que estão no Paraíso e aproveitarão a vida eterna por terem aceitado a Cristo, mesmo sabendo que não O seguiram nesta terra.

O Paraíso é bem diferente do que a Nova Jerusalém, onde está o Trono de Deus, mas o fato de que morreram e não foram para o Inferno, os faz muito felizes.

Os Que Possuem Falta de Crescimento da Fé Espiritual

Em segundo, até mesmo as pessoas que aceitaram a Jesus Cristo e que possuem fé irão para o Paraíso, mesmo se não procuraram crescimento em sua fé. Não somente os novos crentes, mas também aqueles que creram por muito tempo, pois sua fé não passou do primeiro nível.

Uma vez que Deus me permitiu escutar a confissão de um crente que tinha fé por um bom tempo, e está na Sala de Espera do Céu, extremidade do Paraíso.

Ele nasceu em uma família que não tinha conhecimento nenhum de Deus e todos adoravam a ídolos. Depois começaram a viver a vida Cristã. Ainda, como não tinha uma fé verdadeira, ele ainda vivia com resquícios de pecado e perdeu a visão de um olho. Ele descobriu o que era a fé verdadeira depois que leu um de meus livros – *Experimentando a Vida Eterna depois da Morte*. Firmou-se em uma Igreja e depois foi para o Céu, enquanto levava uma vida Cristã.

Eu poderia escutar esta confissão cheio de alegria, porque sabia que ele iria para o Paraíso depois de tanto sofrimento, dores e doenças durante sua vida nesta terra.

"Eu sou livre e estou muito feliz de vir até aqui após a morte. Eu não sei por que eu me apeguei tanto a coisas terrenas. Todas não fazem sentido. Apegar-se a coisas terrenas é tão sem sentido e inútil que eu só descobri isso quando cheguei aqui.

Em minha vida na terra, havia tempos de alegria e de

gratidão, desapontamento e desespero. Aqui, quando eu olho para mim mesmo neste conforto e nesta felicidade, eu me lembro dos tempos em que lutava para coisas sem valor e como me mantinha nelas. Mas minha alma não sente falta de nada agora que estou neste lugar confortável, e o fato de que eu posso estar em um lugar de salvação, é a felicidade em si.

Eu estou muito confortável neste lugar. Estou tão confortável, porque eu me livrei da carne e eu me agradei deste lugar de paz depois de uma vida exaustiva na terra. Eu não sabia de verdade o que era felicidade, até que a obtive neste lugar.

Eu não era capaz de ver, de andar e não era capaz de fazer outras coisas que requeriam um esforço físico. Eu estou grato porque, ao receber a vida eterna e vir até aqui, sei que agora posso fazer todas essas coisas.

Onde eu estou não é o Primeiro Reino, o Segundo Reino, o Terceiro Reino ou a Nova Jerusalém. Eu estou no Paraíso, mas eu sou muito grato por isso, por estar neste lugar de alegria plena.

Minha alma está satisfeita nisso
Minha alma louva isso.
Minha alma está feliz com isso.
Minha alma está grata por isso.

Eu estou feliz e grato porque eu terminei a indigna e miserável vida e vim a este lugar eterno".

Retrocedendo na Fé Devido à Provação

Por último, existem aqueles que foram cheios de fé, mas aos poucos se tornaram desinteressados em sua fé por várias razões.

Um homem, que era mais de idade em minha Igreja, servia fielmente de várias formas ao Senhor. Sua fé parecia incrível por fora, mas uma vez ficou seriamente doente. Ele mal podia falar e veio me pedir por oração. Ao contrário de orar pela cura, eu comecei a orar pela salvação dele. Naquele momento, sua alma sofria porque havia uma guerra no mundo espiritual, na qual os anjos tentavam levá-lo para o Céu e os demônios para o Inferno. Se ele tivesse fé suficiente para ser salvo, os demônios não tentariam. Imediatamente comecei a orar para expulsar aqueles espíritos do mal e orei a Deus para que o recebesse. Logo após a oração, ele se confortou e caiu em lágrimas. Ele se arrependeu antes de morrer e foi salvo.

Da mesma forma, mesmo se você receber o Espírito Santo e for posto na posição de um diácono ou ancião, seria uma vergonha aos olhos de Deus viver no pecado. Se você não se livrar do pecado, este tipo de vida espiritual desinteressada fará com que o Espírito Santo gradualmente o deixe, e então não será salvo.

Conheço as suas obras, sei que você não é frio nem quente. Melhor seria que você fosse frio ou quente! Assim, porque você é morno, não é frio nem quente, estou a ponto de vomitá-lo da minha boca. (Apocalipse 3:15-16).

Além disso, você deve entender que ir para o Paraíso é uma salvação vergonhosa.

Um homem certa vez se tornou saudável depois de receber minha oração no passado e até mesmo sua esposa voltou à vida depois de minha oração. Ouvindo as Palavras da Vida, sua família, que tinha muitos problemas, tornou-se uma família muito feliz. Desde então, amadureceram sua fé e trabalharam na obra de Deus.

No entanto, quando a Igreja enfrentou dificuldades, ele não tentou defendê-la ou protegê-la, ao contrário, permitiu que seus pensamentos fossem controlados por Satanás. As palavras que saíram de sua boca formaram uma grande muralha entre ele e Deus. Eventualmente, ele foi se afastando da proteção de Deus e foi tomado de uma doença muito grave.

Como trabalhador de Deus, ele não deveria ter visto ou escutado algo que fosse contra a vontade de Deus, mas ao contrário, ele queria escutar a todas aquelas coisas e as espalhou. Deus virou sua face a ele, porque ele virou as costas à grande graça de Deus.

Além disso, seus galardões desintegraram-se e ele não tinha mais força para orar. Sua fé retrocedeu e finalmente atingiu o ponto onde ele não podia mais estar certo de sua salvação. Felizmente, Deus lembrou-se de seus serviços na Igreja, no passado. Então, receberia a salvação vergonhosa porque Deus lhe deu a graça para se arrepender do que tinha feito antes.

Cheio de Gratidão Por Ter Sido Salvo

Então, que tipo de confissão ele poderia fazer, uma vez que

estava salvo e iria para o Paraíso? Porque ele estava salvo na encruzilhada do céu e inferno, ele pôde escutar sua confissão verdadeiramente.

> "Eu estou salvo dessa forma. Mesmo sabendo que estou no Paraíso, eu estou satisfeito porque eu estava cheio de medo e sofrimento. Meu espírito, que deveria ter ido para as trevas, veio a este lindo e confortável lugar".

Que alegria tremenda seria estar, depois de tanto sofrimento, livre do Inferno! Ainda, desde que ele foi salvo vergonhosamente, sendo um ancião da Igreja, Deus permitiu que eu escutasse sua oração de arrependimento, enquanto estava à beira da morte, antes de ir para a Sala de Espera do Céu, no Paraíso. Ele se arrependeu de seus pecados e agradeceu-me por ter orado por ele. Ele também fez um voto a Deus para orar continuamente pela Igreja e por mim, até que nos encontrássemos novamente no Céu.

Desde o início da humanidade nesta terra, havia mais pessoas que tinham qualificação para ir ao Paraíso do que a maioria das pessoas que são capazes de ir a outro lugar no Céu.

Aqueles que foram salvos e foram para o Paraíso são gratos e felizes em ser capazes de aproveitar o conforto e a bênção do Paraíso porque não foram para o Inferno, por não terem tido uma vida apropriada na terra.

No entanto, a felicidade no Paraíso não pode ser comparada com a da Nova Jerusalém, e é tão diferente da felicidade do nível seguinte, o Primeiro Reino do Céu. Além disso, você deve entender o que é mais importante a Deus – não são os anos de sua fé, mas a atitude de seu coração e de suas ações, de acordo com a Palavra de Deus.

Hoje em dia, muitas pessoas vivem uma vida pecaminosa, enquanto professam o que receberam do Espírito Santo. Estas pessoas podem receber a salvação vergonhosa e irem ao Paraíso, ou eventualmente cair na morte, que é o Inferno, porque o Espírito Santo neles será banido.

Alguns crentes se tornarão arrogantes ao escutar e aprender a Palavra, o grande plano da Palavra de Deus, e julgarão e condenarão os crentes, mesmo sabendo que eles lideraram Cristãos por muito tempo. Não importa quão entusiasmados e fiéis eles são em relação ao Ministério de Deus, tudo será inútil se não perceberem sua maldade no coração e não lançarem seus pecados fora.

Além disso, eu oro, em nome do Senhor Jesus, para que você, filho de Deus, que recebeu o Espírito Santo, lance fora todos os seus pecados e que ande conforme a Palavra de Deus.

Capítulo 7

O Primeiro Reino Celestial

"Todos os que competem nos jogos
se submetem a um treinamento rigoroso,
para obter uma coroa que logo perece;
mas nós o fazemos para ganhar uma
coroa que dura para sempre"

- 1 Coríntios 9:25

O Paraíso é o lugar para aqueles que aceitaram Jesus Cristo, mas não fizeram nada com sua fé. É muito mais bonito e alegre do que este mundo. Então, como será mais bonito o Primeiro Reino Celestial, local onde irão aqueles que tentaram viver de acordo com a Palavra de Deus?

O Primeiro Reino é mais perto do Trono de Deus do que o Paraíso, mas há muitos outros melhores no Céu. Ainda, aqueles que entraram no Primeiro Reino deveriam estar satisfeitos com o que eles receberam, e sentirem-se felizes. É como um peixe de ouro satisfeito por estar em um aquário, sem querer nada mais por isso.

Você observará em detalhes que tipo de lugar será o Primeiro Reino Celestial, que é um nível acima do Paraíso, e quem é capaz de entrar nele.

Sua Beleza e Felicidade Superam o Paraíso

O Paraíso é o local para aqueles que não fizeram nada com sua fé e que não haverá coisas pessoais como galardões. Do Primeiro Reino para cima, no entanto, existirão propriedades como casas e coroas que serão dadas como recompensa.

No Primeiro Reino, cada um viverá em sua casa própria e receberá a coroa que durará para sempre. É a glória em si para aquele que possuir sua própria casa no Céu, cada um no Primeiro Céu sentirá uma felicidade que não poderá ser comparada ao Paraíso.

As Casas Serão Maravilhosamente Decoradas

Residências pessoais no Primeiro Reino não serão casas separadas, mas lembrarão apartamentos ou "flats" da terra. No entanto, elas não serão construídas com cimentos ou tijolos, mas sim com materiais celestiais como ouro e jóias.

Essas casas não possuirão escadas, mas somente elevadores luxuosos. Nesta terra, temos que apertar o botão, mas no Céu, eles irão automaticamente para o andar desejado.

Entre aqueles que estiveram no Céu, existem aqueles que testemunharam que viram apartamentos, e é claro, sabemos que a visão foi do Primeiro Reino, dentre os lugares celestiais. Esses apartamentos, estilo casa, possuem tudo que é necessário para a sobrevivência, não há inconveniência nenhuma.

Haverá instrumentos musicais para aqueles que gostam de música e poderão tocá-los, e livros para aqueles que gostam de ler. Todos possuirão um espaço pessoal onde poderão descansar, e será muito aconchegante.

Dessa forma, no Primeiro Reino as habitações são feitas de acordo com a preferência de seus mestres. Por esse motivo, é muito mais bonito do que no Paraíso, cheio de alegrias e conforto que nunca experimentaremos nesta terra.

Jardins Públicos, Lagos, Piscinas

Como as casas no Primeiro Reino não são casas individuais, elas possuem jardins públicos, lagos, piscinas e centros de golfe. É como as pessoas desta terra, quando vivem em apartamentos, compatilhando espaços que são comuns, jardins, áreas de recreação, quadras de tênis e piscinas.

Estas propriedades públicas não se gastam ou quebram porque os anjos as mantêm na melhor condição.

Não haverá anjos servindo as pessoas no Paraíso, mas as pessoas poderão ter ajuda dos anjos no Primeiro Reino. Então, sentirão um tipo de alegria e felicidade diferente. Sabendo que não existe um anjo para uma pessoa específica, haverá anjos cuidando das coisas em geral.

Por exemplo, se você quiser comer algumas frutas, enquanto conversa com seus entes queridos, sentado nos bancos de ouro perto do Rio da Vida, os anjos irão imediatamente trazer até você e servi-lo educadamente. Isso porque haverá anjos que ajudarão os filhos de Deus a ter alegria e felicidade diferentes do Paraíso.

O Primeiro Reino é Superior ao Paraíso

Mesmo a cor e a essência das flores e o brilho e a beleza dos animais selvagens são diferentes do Paraíso. Isso é porque Deus proveu tudo de acordo com o nível de fé das pessoas em cada lugar do Céu.

Até mesmo as pessoas nesta terra possuem padrões de beleza diferentes. Experientes em flores, por exemplo, julgarão a beleza de uma flor baseados em muitos critérios diferentes. No Céu, a essência das flores em cada habitação é diferente. Mesmo estando no mesmo lugar, cada flor terá sua essência única.

Deus proveu as flores de forma que as pessoas no Primeiro Reino sentirão o melhor, quando sentirem o aroma das flores. É claro, as frutas possuem diferentes gostos em diferentes lugares no Céu. Deus proveu as cores e o aroma de cada fruta de acordo com o nível de cada morada.

Como você preparará e servirá quando receber um convidado importante? Você tentará se adaptar ao gosto do convidado, de forma que seja o mais confortável possível.

Da mesma forma, Deus proveu tudo tão cuidadosamente, que Seus filhos podem ficar satisfeitos em todos os aspectos.

Que Tipo de Pessoa Irá Para o Paraíso?

O Paraíso é o lugar do Céu onde ficam aqueles que estão

no primeiro nível da fé, salvos por crerem em Jesus Cristo, mas que não fizeram nada pelo Reino de Deus. Então, que tipo de pessoa irá para o Primeiro Reino Celestial, acima do Paraíso, e experimentará a vida eterna?

Pessoas Que Tentaram Viver Conforme a Palavra de Deus

O Primeiro Reino Celestial é o lugar onde aqueles que aceitaram Jesus e tentaram viver conforme a Palavra de Deus irão morar. Aqueles que apenas aceitaram a Deus, freqüentaram a Igreja aos domingos e escutaram a Palavra, mas que não sabiam o que era o pecado, por que deveriam orar e por que não deveriam pecar. Da mesma forma, aqueles que estão no primeiro nível da fé experimentaram a alegria do primeiro amor, nascendo através das águas do Espírito Santo, mas não perceberam o que era o pecado e não descobriram seus pecados.

Ainda, se você alcançar o segundo nível da fé, você entenderá os pecados e a justiça com a ajuda do Espírito Santo. Então você tentará viver de acordo com a Palavra de Deus, mas não poderá fazê-lo imediatamente. É como um bebê aprendendo a andar: ele repetirá várias vezes, mesmo caindo.

O Primeiro Reino é o lugar para este tipo de pessoa, que tenta viver de acordo com a Palavra de Deus, e as coroas que durarão para sempre serão entregues. Assim como os atletas devem jogar de acordo com as regras do jogo (2 Timóteo 2:5-6), filhos de Deus devem lutar a boa luta da fé, de acordo com a verdade. Se você ignorar as regras do campo espiritual, que possui a Lei de Deus, como um atleta que não joga conforme as regras, você possui uma fé morta. Assim, você não será considerado participante e não receberá nenhuma coroa.

Ainda, para qualquer um no Primeiro Reino, a coroa é dada por causa do que tentaram fazer de acordo com a Palavra de Deus. No entanto, ainda assim é uma salvação vergonhosa. Por esse motivo, por não terem vivido de acordo com a Palavra de Deus completamente, viverão no Primeiro Reino.

Salvação Vergonhosa, Se o Trabalho For Queimado

Então, o que é exatamente uma "salvação vergonhosa"? Em 1 Coríntios 3:12-15, veremos o trabalho que uma pessoa construiu se queimar.

Se alguém constrói sobre esse alicerce usando ouro, prata, pedras preciosas, madeira, feno ou palha, sua obra será mostrada, porque o Dia a trará à luz; pois será revelada pelo fogo, que provará a qualidade da obra de cada um. Se o que alguém construiu permanecer, esse receberá recompensa. Se o que alguém construiu se queimar, esse sofrerá prejuízo; contudo, será salvo como alguém que escapa através do fogo.

O "alicerce" se refere a Jesus Cristo e significa que tudo que você construir sobre este alicerce, sua obra será mostrada.

Por um lado, o trabalho daqueles que possuem a fé como ouro, prata ou pedras preciosas permanecerá o mesmo. Se for testado pelo fogo, prevalecerá. Estes, são os que trabalham conforme a Palavra de Deus. Por outro lado, as obras daqueles que possuem a fé como a madeira, feno ou palha serão queimadas com fogo, porque não agiram conforme a Palavra de Deus.

Além disso, para entender essas medidas de fé, o ouro é o quinto (o mais alto), a prata é a quarta, as pedras preciosas são o terceiro, a madeira, a segunda, e o feno, o primeiro (e o mais baixo) na medida da fé.

Além disso também, aqueles que não possuem nenhuma fé não terão nada para fazer a respeito da salvação. A madeira e o feno, que serão queimados com fogo, pertencem à salvação vergonhosa. Deus irá reconhecer a fé de ouro, prata e de pedras preciosas, mas a de madeira e feno, não poderá reconhecer.

A Fé Sem Obras é Morta

Alguns podem imaginar: "Eu tenho sido um Cristão por muito tempo, e eu devo ter passado pelo primeiro nível da fé e poderei pelo menos ir para o Primeiro Reino". Ainda, se você realmente possui fé, obviamente viverá conforme a Palavra de Deus. No mesmo pensamento, se você romper a lei e não fizer nada para não pecar, o Primeiro Reino, talvez até o Paraíso, poderá estar longe de seu alcance.

A Bíblia nos questiona em Tiago 2:14: *"De que adianta, meus irmãos, alguém dizer que tem fé, se não tem obras? Acaso a fé pode salvá-lo?"*. A fé sem obras é morta. Então aqueles que não conseguirem combater o pecado não podem ser salvos, porque são como o homem que recebeu uma mina e guardou em um pedaço de pano (Lucas 19:20-26).

A "mina" nesta passagem significa o Espírito Santo. Deus dá o Espírito Santo como presente àqueles que abrem seu coração e aceitam a Jesus Cristo como Senhor. O Espírito Santo capacita-o a conhecer seus pecados, a justiça, o julgamento e o ajuda a ser salvo e ir para o Céu.

Por um lado, se você professar sua crença em Deus, mas não fizer nada para circuncisar seu coração e nem seguir os desejos do Espírito Santo, não agindo conforme a verdade, então o Espírito Santo não precisará estar em seu coração. Por outro lado, se você lançar fora seus pecados, de acordo com a Palavra de Deus, com a ajuda do Espírito Santo, você se assemelhará ao coração de Deus, que é verdade em si.

Além disso, os filhos de Deus que receberam o Espírito Santo como galardão devem santificar os corações e colher os frutos do Espírito Santo, para alcançar a salvação perfeita.

Fisicamente Com Fé, Mas Espiritualmente Incircunciso

Deus revelou-me certa vez um membro que havia falecido e ido para o Primeiro Reino e mostrou-me a importância da fé acompanhada de ações. Essa pessoa serviu como membro do Departamento de Finanças da Igreja por dezoito anos, sem corromper seu coração. Ela foi fiel à obra de Deus e teve o título de ancião. Ela tentou obter os frutos em trabalhos numerosos e deu glória a Deus todo tempo. Eu sempre lhe perguntava: "Como eu posso realizar o Reino de Deus?"

No entanto, ela não obteve sucesso, porque algumas vezes

não obedeceu a Deus, não seguindo o caminho e se entregando aos pensamentos terrenos, pensando no seu bem. E mais, ela agiu desonestamente em algumas remarcações, zangou-se com algumas pessoas e desobedeceu à Palavra de Deus em muitos aspectos.

Em outras palavras, ela aparentava possuir uma fé inabalável, mas não circuncisou seu coração – que é o mais importante – ela permaneceu no segundo nível da fé. Além do mais, se os seus problemas financeiros permanecessem, poderia ter tido uma reação não correta.

No final, devido ao retrocesso de sua fé, ela poderia não ter ido nem ao Paraíso. Deus chamou sua alma no tempo certo.

Através de comunicações espirituais após sua morte, ela expressou sua gratidão e se arrependeu de muitas coisas. Ela se arrependeu por ter magoado os sentimentos dos ministérios e por não ter seguido a verdade, fazendo com que muitos caíssem, ofendendo outros e não agindo conforme a Palavra de Deus. Ela se arrependeu também de não ter tomado uma atitude quando esteve na terra, mas está feliz por ter agora conseguido.

Ainda, ela disse que era grata, porque não acabou no Paraíso como um ancião. Ainda assim, é vergonhoso estar no Primeiro Reino sendo um ancião, mas sentiu-se bem melhor porque o Primeiro Reino é mais glorioso do que o Paraíso.

Além disso, você deve entender que a coisa mais importante aqui é ter um coração limpo e não somente um exterior cheio de títulos.

Deus Guia Seus Filhos a Um Melhor Céu, Provando-os

Assim como precisa um atleta treinar bastante para obter uma vitória, você deve enfrentar algumas provas para receber melhores lugares no Céu. Deus permite que você seja provado para que possa guiá-lo para melhores lugares no Céu. As provas podem ser divididas em duas categorias.

Primeira: existem provações para que você lance fora seus pecados. Para se tornar um filho de Deus, você deve combater seus pecados ao ponto de derramamento de sangue, para que seus pecados possam ser perdoados completamente. Ainda, Deus, algumas vezes, pune seus filhos porque eles não deixam de pecar (Hebreus 12:6). Assim como os pais punem seus filhos para ensiná-los o caminho correto, Deus, às vezes, permite que você passe por provações.

Segunda: existem provações para fazer o vaso apropriado e derramar bênçãos. Davi, mesmo quando era um garoto, salvou seu rebanho matando um urso ou um leão. Ele teve muita fé para matar Golias, cujo exército Israelense apavorava, com um estilingue e uma pedra. A razão pela qual ele ainda assim passou por provações – por exemplo a perseguição do Rei Saul – foi porque Deus permitiu para fazer com que Davi se tornasse um vaso e um grande Rei.

Terceira: existem provações para por fim à maldade, porque as pessoas se afastam de Deus se estão em paz. Por exemplo, existem pessoas que são fiéis ao Reino de Deus e, conseqüentemente, recebem bênçãos. Elas então param de orar e seu entusiamo por Deus esfria. Se Deus as deixar como estão, elas cairão em tentação. Então, Deus permite que as mesmas sejam provadas para que aqueçam o coração novamente.

Você deve lançar fora seus pecados, agir justamente e ser um vaso nas mãos de Deus, cumprindo os desejos de seu coração. Eu espero que você cumpra e receba bênçãos maravilhosas que Deus preparou.

Alguns podem até dizer: "Eu quero mudar, mas não é fácil hoje em dia, por mais que eu tente". Ainda, ele diz estas palavras não porque é difícil mudar, mas porque lhe falta a coragem, a paixão em seu coração.

Se você entender a Palavra de Deus espiritualmente e tentar mudar do fundo do coração, você mudará rapidamente, porque Deus dará graça e força para continuar. O Espírito Santo, é claro, ajudá-lo-á no que for preciso. Se você guardar os mandamentos de Deus em sua mente e não utilizar esse conhecimento, ficará difícil para que você seja salvo.

Além disso, eu oro, em nome do Senhor Jesus, para que você não perca a paixão e a alegria do primeiro amor e se mantenha seguindo os desejos do Espírito Santo. Assim terá um melhor lugar no Céu.

Capítulo 8

O Segundo Reino Celestial

"Portanto, apelo para os presbíteros
que há entre vocês, e o faço na qualidade
de presbítero como eles e testemunha
dos sofrimentos de Cristo, como alguém
que participará da glória a ser revelada:
pastoreiem o rebanho de Deus que
está aos seus cuidados. Olhem por ele,
não por obrigação, mas de livre vontade,
como Deus quer. Não façam isso por ganância,
mas com o desejo de servir.
Não ajam como dominadores dos que lhes
foram confiados, mas como exemplos para o rebanho.
Quando se manifestar o Supremo Pastor, vocês
receberão a imperecível coroa da glória."
- 1 Pedro 5:1-4

Por um lado, não importando o quanto você escute sobre o Céu, será impossível se você não realizar mudança em seu coração, porque não será capaz de acreditar. Assim como um pássaro lança sementes ao longo de seu caminho, o inimigo –

Satanás – rouba de você a Palavra sobre o Céu de você.(Mateus 13:19).

Por outro lado, se você escutar a Palavra sobre o Céu e guardá-la, você viverá uma vida cheia de fé e esperança e produzirá muito mais do que plantou.

Então, quem poderá ir para o Segundo Reino?

Uma Casa Dada a Cada Um

As casas no Primeiro Reino são como apartamentos, mas as do Segundo Reino são completamente independentes umas das outras, possuindo construções próprias. Essas casas não podem ser comparadas a nada neste mundo. São grandes, bonitas e decoradas maravilhosamente com flores e árvores.

Se você for para o Segundo Reino, você receberá não somente a casa, mas também seu objeto favorito. Se quiser uma piscina, terá uma maravilhosa, coberta de ouro e pedras preciosas. Se quiser um lindo lago, receberá um. Se quiser caminhar, terá um lindo caminho cheio de flores e plantas, além de animais.

No entanto, mesmo se você quiser ter a piscina, o lago, a estrada, o salão e assim por diante, poderá ter somente uma das coisas de que mais gosta. Pelo fato de as pessoas serem diferentes no Segundo Reino, poderão visitar uns a casa dos outros e aproveitar juntos o que cada um tem.

Se uma pessoa tiver um salão enorme e não tiver uma piscina para nadar, ela poderá ir até seu vizinho e aproveitar. No Céu, as pessoas servem umas às outras e não se sentirão entediadas ou chateadas com nenhum visitante. Ao contrário, ficarão satisfeitas e alegres. Então, se quiser aproveitar, poderá visitar seus vizinhos.

Da mesma forma, o Segundo Reino é muito melhor que o Primeiro em todos os aspectos. É claro, não poderá ser comparado nunca à Nova Jerusalém. Eles não possuem anjos que servem aos filhos de Deus. O tamanho, beleza e esplendor das casas são muito diferentes e o material, as cores e o brilho das jóias e decorações das casas são incríveis.

Porta Com Luzes Especiais e Magníficas

Uma casa no Segundo Reino é pequena, construída com uma porta de metal. A porta principal de metal indica o dono da casa e em alguns casos está escrito a Igreja à qual serviu. Nesta porta estará a luz brilhando no nome do dono que parece estar escrito em Árabe ou Hebraico.

Por que o nome da Igreja estará escrito? Deus faz isso para que este nome seja motivo de glória aos membros que serviram à Igreja,

Ainda, as casas no Terceiro Reino e na Nova Jerusalém não possuem portas de metal. Não existem muitas pessoas em cada Reino, pelas luzes únicas e o aroma que vêm das casas poderemos reconhecer o dono.

Sentindo Pena Por Não Ser Completamente Santo

Alguns podem imaginar: "Não seria inconveniente no Céu, desde que não há casas privadas no Paraíso, e no Segundo Céu,

147

as pessoas poderem possuir apenas uma coisa?" No Céu, no entanto, não há nada insuficiente ou inconveniente. As pessoas não se sentirão desconfortáveis porque viverão juntas. Não deixarão de compartilhar o que possuem com os outros. Serão gratas por tudo o que possuem.

Ainda, elas não sentirão pena por ter apenas uma possessão e não terão inveja dos outros. Ao contrário, elas serão sempre gratas a Deus, nosso Pai, por dar mais do que mereciam.

A única coisa da qual elas se arrependem, é não ter dado mais quando viveram nesta terra. Sentem vergonha de ficar perante Deus, porque não lançaram fora todo o mal. Mesmo vendo aqueles que foram para o Terceiro Reino ou para a Nova Jerusalém, não terão inveja, e sim pena por não terem sido santas o suficiente.

Sabendo que Deus é justo, Ele faz com que você colha o que plantou e o recompensa de acordo com o que você fez. Além disso, Ele lhe dará um lugar e todas as recompensas, quando você se tornar santo e ser fiel nesta terra. Dependendo da extensão que você viveu, de acordo com a Palavra, Ele o recompensará de acordo.

Se você viver completamente de acordo com a Palavra de Deus, Ele lhe dará tudo aquilo que deseja no Céu. No entanto, se você não cumprir, Ele o recompensará de acordo com o que você fez, mas ainda abundantemente.

Além disso, não importa em qual nível você entra, você sempre será grato a Deus por lhe dar muito mais do que você fez para merecer nesta terra.

O Coroa de Glória

Deus, que nos recompensa abundantemente, nos dá a coroa que não perecerá para aqueles que estão no Primeiro Reino. Que tipo de coroa Ele dará àqueles que estão no Segundo Reino?

Mesmo sabendo que não foram completamente santos, eles glorificaram a Deus, cumprindo seus deveres. Por isso, receberão a coroa da glória. Se você ler 1 Pedro 5:1-4, verá que a coroa da glória é uma recompensa dada àqueles que foram exemplo, vivendo conforme a Palavra de Deus.

Portanto, apelo para os presbíteros que há entre vocês, e o faço na qualidade de presbítero como eles e testemunha dos sofrimentos de Cristo, como alguém que participará da glória a ser revelada: pastoreiem o rebanho de Deus que está aos seus cuidados. Olhem por ele, não por obrigação, mas de livre vontade, como Deus quer. Não façam isso por ganância, mas com o desejo de servir. Não ajam como dominadores dos que lhes foram confiados, mas como exemplos para o rebanho. Quando se manifestar o Supremo Pastor, vocês receberão a imperecível coroa da glória.

A razão pela qual é dita, a "imperecível coroa da glória" é porque toda coroa no céu é imperecível e nunca acabará. Você será capaz de entender que o Céu é um lugar tão perfeito, porque é onde há a vida eterna.

Que Tipo de Pessoa Irá Para o Segundo Reino?

Ao redor de Seul, a capital da República da Coréia, existem as chamadas cidades satélites e, ao redor destas cidades, existem cidades menores ainda. Da mesma forma, no Céu, ao redor do Terceiro Reino Celestial, onde está a Nova Jerusalém, há o Segundo Reino, o Primeiro Reino e o Paraíso.

O Primeiro Reino é o lugar onde irão aqueles que estão no segundo nível da fé, que tentaram viver conforme a Palavra de Deus. Que tipo de pessoa irá para o Segundo Reino? As pessoas no terceiro nível da fé que viveram de acordo com a Palavra de Deus. Vamos ver adiante quem será capaz de ir em detalhes.

O Segundo Reino:
Um Lugar Para Aqueles Não Completamente Santos

Você poderá ir para o Segundo Reino, se viver conforme a Palavra de Deus e finalizar seus deveres, mas ainda assim, seu coração não está totalmente purificado.

Se você é bonito, inteligente e esperto, obviamente quer que seus filhos sejam como você. Deus, que é santo e perfeito, quer que Seus filhos se assemelhem a Ele. Ele quer que Seus filhos O amem e guardem Seus mandamentos, que obedeçam a seus mandamentos porque O amam, e não por obrigação.

Você obedecerá incondicionalmente, com alegria e gratidão, guardando o que Ele lhe diz para guardar, lançando fora o que Ele pedir, não fazendo o que Ele o proíbe e fazendo tudo de acordo com a Palavra de Deus, com alegria e gratidão.

Na Bíblia, existem as obras da carne (Gálatas 5:19-21) e os desejos da carne (Romanos 8:5). Quando você age conforme o mal que está em seu coração, chamamos de obras da carne. A natureza do pecado que você tem em seu coração é chamada desejos da carne.

Aqueles, no terceiro nível da fé, lançaram fora as obras da carne, que são totalmente visíveis, mas ainda possuem os desejos da carne em seus corações. Eles guardam o que Deus os mandou guardar, lançam fora tudo aquilo que Deus pediu que lançassem, não fazem o que Deus proibiu e fazem tudo aquilo que Deus ordenou. Ainda, o mal em seus corações não foi totalmente removido.

Da mesma forma, se você cumprir seu dever com o coração, não estando totalmente santificado, irá para o Segundo Reino. "Santificação" se refere ao estado no qual você lançou fora todo mal e possui somente bondade no seu coração.

Por exemplo, vejamos uma pessoa que você odeie. Agora, você escutou a Palavra de Deus, dizendo: "Não odeie" e tenta não odiá-lo. Como resultado, você não o odeia agora. No entanto, se você não o ama verdadeiramente em seu coração, não estará santo completamente.

Além disso, para crescer e ir para o quarto nível da fé, é necessário esforçar-se ao ponto do derramamento de sangue.

Pessoas Que Cumpriram Seus Deveres Pela Graça de Deus

O Segundo Reino é o local onde estão aqueles que não cumpriram com a completa santificação em seus corações, mas cumpriram seus deveres dados por Deus. Consideraremos o tipo de pessoa que irá para o Segundo Reino, observando o caso de uma pessoa que faleceu enquanto servia em nossa Igreja.

Ela veio com o seu marido a nossa Igreja no ano em que foi fundada. Ela sofria de uma doença, mas foi curada após minha oração e seus familiares se tornaram membros. Eles maturaram sua fé e ela se tornou diaconisa, e seu marido, ancião, e seus filhos cresceram e serviram a Deus como ministros, como esposa de um pastor e como um missionário.

No entanto, ela falhou ao tentar lançar fora todo o mal. Mas se arrependeu através da glória de Deus, completando seu dever perfeitamente e morrendo após. Deus permitiu-me saber que ela estaria no Segundo Reino Celestial e permitiu que me comunicasse com ela em espírito.

Quando ela foi para o Céu, o fato que ela mais sentiu foi o de que ela não se santificou o suficiente e também por não ter feito nenhuma confissão de gratidão do fundo do coração a seu pastor, que orou por ela para que fosse curada e que a guiou com muito amor.

Ainda, ela sabia que considerando o que ela havia realizado com sua fé, como serviu ao Senhor, e as palavras que proferiu com sua boca, ela iria apenas para o Primeiro Reino. No entanto, quando falou que não tinha muito tempo mais nesta terra, através da oração fervorosa de seu pastor e suas obras que agradaram a Deus, sua fé cresceu rapidamente e ela foi capaz de entrar no Segundo Reino.

Sua fé, na verdade, cresceu muito rápido antes de falecer. Ela se concentrou em orar e entregou milhares de cartas às Igrejas ao redor de seu bairro. Ela não se preocupou com ela mesma, e sim somente em servir a Deus.

Ela me contou sobre sua casa, na qual estava indo viver no Céu. Ela disse que é decorada com flores e árvores maravilhosas e não poderia ser comparada a nada nesta terra.

É claro, comparada a casas do Terceiro Reino ou da Nova Jerusalém, é uma casinha bem simples. Mas ela estava muito feliz e satisfeita porque ela não merecia tê-la. Ela quis compartilhar a seguinte mensagem com sua família:

"O Céu é dividido precisamente. A Glória e a Luz são tão diferentes em cada lugar, que eu peço e encorajo a cada um entrar na Nova Jerusalém. Eu gostaria de dizer aos meus familiares como é vergonhoso não ter conseguido livrar-me dos pecados, enquanto estava na terra. As recompensas, Deus as dá àqueles que forem à Nova Jerusalém e a grandiosidade das casas é incrível. Gostaria que soubessem como é vergonhoso não ter lançado fora todo tipo de mal".

Além disso, eu peço que você perceba como é precioso e valioso santificar seu coração e devotar sua vida para o Reino e a Justiça de Deus, com esperança pelo Céu, e então você será capaz de avançar para a Nova Jerusalém.

Pessoas Cheias de Fé, mas que Desobedecem Por Causa de seu Próprio Senso de Retidão

Agora, veremos adiante o caso de outro membro de nossa Igreja que amava ao Senhor e fez todo seus trabalho fielmente, mas não foi capaz de entrar no Terceiro Reino por ter algumas deficiências em sua fé.

Ela veio à nossa Igreja com seu marido doente e se tornou um membro muito ativo. Seu marido foi levado à Igreja em uma cadeira de rodas, mas sua dor passou e ele pôde se levantar e andar. Imagine que incrível deve ter sido! Ela sempre foi grata a Deus por ter curado o seu marido, e por seu pastor, por ter orado por ele. Ela sempre foi cheia de fé. Ela orava pelo Reino de Deus e pelos membros da Igreja em qualquer lugar que estivesse.

Ainda, por amar seus irmãos e irmãs em Cristo, ela confortou outros ao invés de ser confortada, encorajou-os e cuidou dos crentes. Ela queria somente viver na vontade de Deus e em Sua Palavra e tentou livrar-se dos seus pecados ao ponto de derramamento de sangue. Ela nunca deixou de pregar o evangelho para os seus vizinhos.

Por ter sido fiel ao Reino de Deus, meu coração foi inspirado pelo Espírito Santo na visão de sua lealdade e convidei-a a cumprir as obras em minha Igreja. Eu tinha a fé de que, se ela cumprisse sua missão fielmente, todos os membros de sua família, incluindo seu marido, teriam uma vida espiritual.

No entanto, ela poderia não obedecer porque ela viu as

circunstâncias e foi consumida pelos pensamentos carnais. Um pouco depois ela faleceu. Eu fiquei muito triste, e enquanto orava a Deus, eu pude escutar sua confissão através de uma comunicação espiritual.

"Mesmo se eu me arrependi ou ainda, arrependendo de não obedecer ao pastor, o relógio não volta mais. Então, eu estou orando mais e mais pelo Reino de Deus e pelo rebanho. Uma coisa que tenho que contar aos meus irmãos e irmãs amados é que o que o pastor proclama é a vontade de Deus. É um pecado muito ruim desobedecer à vontade de Deus e, assim, a raiva é um dos maiores pecados. Por causa disso, as pessoas enfrentam dificuldades. Eu tentava não sentir raiva, e sim me humilhar, tentando obedecer com todo o meu coração. Eu me tornei a pessoa que sopra a trombeta do Senhor. O dia em que eu vou receber meus irmãos amados está próximo. Eu apenas espero que meus amados façam de tudo para prosseguir".

Ela confessou muito mais do que isso e me disse que a razão pela qual não pôde ir para o Terceiro Reino foi por causa de sua desobediência.

"Eu tinha algumas coisas a que eu desobedeci antes de vir a este Reino. Algumas vezes eu dizia: `Não, não, não` enquanto eu escutava as mensagens. Eu não fiz o meu trabalho adequadamente. Por achar que cumpriria meu dever quando as circunstâncias melhorassem, eu tinha pensamentos carnais. É um erro muito grande na visão de Deus".

Ela também disse que invejou ministérios e aqueles que tomavam conta da parte financeira e, quando os via, pensava que a recompensa no Céu seria incrível. Ainda, ela confessou que quando foi para o Céu, isso não era o caso.

"Não, não, não! Somente aqueles que agem conforme a Palavra de Deus receberão incríveis recompensas e bênçãos. Se seus líderes cometerem um erro, é muito maior do que se um subordinado o fizesse. Os líderes devem ter mais fé. Devem ensinar melhor. Devem ter discernimento. Por esse motivo, está escrito nos quatro evangelhos que o homem cego guiava outros cegos. O significado da palavra: "Não deixe muitos de vocês serem professores", um será abençoado se tentar o melhor nesta posição. Agora, o dia em que eles se encontrarão um com o outro como filhos de Deus na vida eterna, está próximo. Desta forma todos devem lançar fora toda obra da carne, tornar-se justo e ter as qualificações apropriadas como noiva do Senhor, sem qualquer vergonha diante de Deus".

Além disso, você deve entender como é importante obedecer, não somente pelo dever, mas também com alegria em seu coração, e santificar o mesmo. Além do mais, você não deve ser apenas um membro comum em sua Igreja, mas tentar analisar em que tipo de Reino Celestial você entrará, se o Senhor o chamar agora.

Eu devo tentar ter uma fé inabalável e viver de acordo com a Palavra de Deus, para que assim possa ser completamnte santificado e ter todas as qualificações necessárias para entrar na Nova Jerusalém.

Em 1 Coríntios 15:41 lemos: *"Um é o esplendor do sol, outro o da lua, e outro o das estrelas; e as estrelas diferem em esplendor umas das outras".* Todos aqueles que forem salvos experimentarão a vida eterna no Céu. Ainda, alguns estarão no Paraíso enquanto outros estarão na Nova Jerusalém, de acordo com a medida da fé de cada um.

Além disso, eu oro, em nome de Jesus Cristo, para que você não tenha uma fé somente para ser salvo, mas que viva de acordo com a Palavra de Deus, lançando fora todo mal e que entre na Nova Jerusalém.

Capítulo 9

O Terceiro Reino Celestial

"Feliz é o homem que persevera
na provação, porque depois de
aprovado receberá a coroa da vida,
que Deus prometeu aos que o amam."

- Tiago 1:12

Deus é Espírito e Ele é a bondade, a luz e o amor em si. Por esse motivo, Ele quer que Seus filhos lancem fora seus pecados e todo tipo de mal. Jesus, que veio em carne neste mundo, não tinha culpa nenhuma, porque é Deus. Então, que tipo de pessoa se tornará a noiva e receberá o Senhor?

Para nos tornarmos verdadeiros filhos e a noiva do Senhor, que compartilhará o amor com o Ele eternamente, você deve assemelhar-se ao coração de Deus e santificar-se, lançando fora todo tipo de mal.

O Terceiro Reino Celestial, que é o lugar dos filhos de Deus que são santos e se assemelham ao coração de Deus, é muito diferente do Segundo Reino. Pelo fato de Deus odiar o mal e amar tanto a bondade, Ele trata Seus filhos que são santos de uma forma bem diferente. Então, que tipo de lugar é o Terceiro Reino e o que você deve fazer para estar lá?

Anjos Servirão Cada Um dos Filhos de Deus

As casas no Terceiro Reino são muito mais magníficas e brilhantes que as casas do Segundo Reino. Não há como comparar. Elas são decoradas com vários tipos de jóias e elas tem todas as dependências que seus propretários gostariam de ter.

Do Terceiro Reino em diante, os anjos que servem, são servidos e eles amarão e adorarão O Mestre e servirão um ao outro somente com as melhores coisas.

Anjos Servindo Privadamente

Está escrito em Hebreus 1:14: *"Os anjos não são, todos eles, espíritos ministradores enviados para servir aqueles que hão de herdar a salvação?"* Anjos são seres puramente espirituais. Eles se assemelham aos seres humanos fisicamente, mas não possuem carne e osso, não se casam ou morrem. Eles não possuem a personalidade de um ser humano, mas seu conhecimento e poder são muito maiores do que os dos seres humanos (2 Pedro 2:11).

Em Hebreus 12:22 nos fala de milhares e milhares de anjos. Existe um número incontável de anjos no Céu. Deus fez uma hierarquia entre eles, deu-lhes diferentes tarefas e autoridade de acordo com cada tarefa.

Então existem diferenças entre os anjos, seres celestiais e

arcanjos. Por um instante, Gabriel, que serve como um civil oficial, vem a você e responde suas orações ou os planos de Deus e as revelações (Daniel 9:21-23; Lucas 1:19, 1:26-27). O Arcanjo Miguel, que é como se fosse um militar, é o ministro do exército celestial. Ele controla as batalhas contra os espíritos maus e, às vezes, ele mesmo rompe as linhas de batalhas das trevas (Daniel 10:13-14, 10:21: Judas 1:19; Apocalipse 12:7-8).

Entre esses anjos existem aqueles que servem seus mestres privativamente. No Paraíso, no Primeiro Reino e no Segundo Reinos, existem anjos que às vezes ajudam os filhos de Deus, mas não há anjos que os servem privativamente. Existem apenas os anjos que tomam conta da grama, das flores das estradas, dos locais públicos para ter certeza de que não haverá nenhum inconveniente, e existem anjos que entregam as mensagens de Deus.

Mas, para aqueles que estiverem no Terceiro Reino ou na Nova Jerusalém, anjos privados são como recompensas, pois amaram a Deus e O agradaram muito. Ainda, o número de anjos será dado a cada um de acordo com o quanto se assemelha a Deus e O tenha agradado em obediências.

Se uma pessoa tem uma casa com um bom tamanho na Nova Jerusalém, inúmeros anjos serão dados, porque isso significa que o anjo se assemelha ao coração de Deus e guiou várias pessoas ao caminho da salvação. Haverá anjos para tomar conta da casa, para cuidar dos galardões e outros que servirão aos seus mestres exclusivamente.

Se você for ao Terceiro Reino, você não verá apenas anjos que servirão a você exclusivamente, mas também os anjos que tomarão conta de sua casa e dos visitantes. Você ficará tão grato a Deus que poderá entrar no Terceiro Reino, porque Deus deixará como que para sempre os anjos o sirvam.

Casas Personalizadas

As casas no Terceiro Reino são decoradas com flores e árvoeres com aromas incríveis, além de jardins e lagos. Nos lagos, teremos muitos peixes e as pessoas podem conversar com eles e compartilhar seu amor. Ainda, os anjos tocarão lindas músicas e as pessoas poderão se juntar a eles para louvar a Deus.

Diferentemente do Segundo Reino, em que é permitido ter somente um objeto favorito ou facilidade, as pessoas no Terceiro Reino podem ter tudo aquilo de que gostam, como por exemplo um circuito completo de golfe, uma piscina, um lago, um caminho, um salão e assim por diante. Além disso, não precisarão ir até a casa de um vizinho para aproveitar aquilo que não possuem, e podem ter o que quiserem.

As casas no Terceiro Reino são grandes, magníficas e enormes em tamanho. Elas são decoradas tão maravilhosamente, que nenhum bilionário no mundo poderia ter uma igual.

A propósito, nenhuma casa no Terceiro Reino possui uma identificação em cada porta. As pessoas sabem qual é sua casa, porque será única e expressará a identidade do dono da mesma.

As casas no Terceiro Reino possuem essências diferentes e diferentes tipos de iluminação. Quanto mais seu dono se assemelhar ao coração de Deus, mais bonita e brilhante será.

Ainda, no Terceiro Reino, os animais domésticos e pássaros

serão dados e serão muito mais bonitos e brilhantes do que os do Segundo Reino. Além do mais, as pessoas terão os meios de transporte e poderão viajar sem limites.

Conforme já explicado, no Terceiro Reino as pessoas podem ter tudo e fazer tudo o que quiserem. A vida no Terceiro Reino será além de nossa imaginação.

A Coroa da Vida

Em Apocalispse 2:10 existe a promessa da coroa da vida, que será dada àqueles que foram fiéis ao ponto da morte pelo Reino de Deus.

Não tenha medo do que você está prestes a sofrer. O Diabo lançará alguns de vocês na prisão para prová-los, e vocês sofrerão perseguição durante dez dias. Seja fiel até a morte, e eu lhe darei a coroa da vida.

A frase "ser fiel até a morte" aqui se refere não somente a ser fiel em sua fé, tornando-se um mártir, mas também não se comprometer com este mundo, se tornando santo, lançando fora seus pecados, ao ponto de derramamento de sangue. Deus recompensará todos aqueles que entrarem no Terceiro Reino com a coroa da vida, porque foram fiéis ao ponto de derramamento de sangue e passaram por todo tipo de provações e sofrimentos (Tiago 1:12).

Quando as pessoas do Terceiro Reino visitarem a Nova Jerusalém, colocarão uma marca na extremidade à direita da coroa

163

da vida. Quando as pessoas do Paraíso, Primeiro Reino e Segundo Reino visitarem a Nova Jerusalém, colocarão um sinal no lado esquerdo do peito. Você poderá ver a glória diferente de cada um no Terceiro Risco desta forma.

No entanto, as pessoas na Nova Jerusalém estão em cuidado especial de Deus, por isso não precisam de nenhum sinal para distingui-las. Serão tratadas de maneira especial, como verdadeiros filhos de Deus.

As Casas na Nova Jerusalém

As casas no Terceiro Reino são bem diferentes das casas na Nova Jerusalém em tamanho, beleza e glória.

Primeiramente, o tamanho da casa menor na Nova Jerusalém é 100, a casa no Terceiro Reino é 60. Por exemplo, se a casa menor na Nova Jerusalém tiver 100 metros quadrados, a casa no Terceiro Reino será de 60 metros quadrados.

Ainda, o tamanho das casas individuais varia porque depende inteiramente de o quanto seu mestre trabalhou para salvar as almas e o quanto que trabalhou na obra de Deus. Conforme escrito em Mateus 5:5: *"Bem-aventurados os humildes, pois eles receberão a terra por herança"*. Dependendo do tanto que o mestre guiou ao caminho da salvação, o tamanho da casa aumentará.

Existem várias casas com mais de dez mil metros quadrados no Terceiro Reino e na Nova Jerusalém, mas mesmo a maior casa no Terceiro Reino é muito menor do que as da Nova Jerusalém. Em relação ao tamanho, a forma, a beleza e as jóias para decoração, são bem diferentes.

Na Nova Jerusalém não existirão somente doze jóias em sua fundação, mas também muitas outras jóias. Existem jóias que são inimagináveis e em cores incríveis. Existem tantos tipos que você não saberá nomear cada uma.

É claro, existirão muitas jóias no Terceiro Reino. No entanto, ao contrário de sua variedade, as jóias no Terceiro Reino não podem ser comparadas àquelas na Nova Jerusalém. Não há jóia que brilhe o dobro ou o triplo no Terceiro Reino. As jóias no Terceiro Reino possuem um brilho melhor do que a do Primeiro e Segundo Reinos, mas existem somente as joiás simples e básicas.

Por esse motivo, as pessoas no Terceiro Reino vão para Nova Jerusalém, que é cheia da glória de Deus.

"Se talvez eu tivesse tentado um pouco mais
Fosse mais fiel à casa de Deus..."
"Se Deus chamasse o meu nome uma vez..."
"Se eu fosse convidado mais uma vez..."

Existe um inimaginável monte de felicidade e beleza no Terceiro Reino, mas não pode ser comparado à Nova Jerusalém.

Que Tipo de Pessoa Irá Para o Terceiro Reino?

Quando você abrir seu coração e aceitar a Jesus Cristo como seu Salvador, o Espírito Santo vem e o ensina sobre este pecado, a justiça e o julgamento e faz com que você compreenda a verdade. Quando você obedece à Palavra de Deus, lança fora todo tipo de mal e se torna santo, você écapaz de ir para o Terceiro Reino.

Quem atinge o quarto nível da fé ama tanto a Deus e é amado por Ele. Esse é capacitado a entrar neste Reino. Então, que tipo de pessoa possui esta fé?

Sendo Santos, Lançando Fora Todo Tipo de Mal

Durante os tempos do Antigo Testamento, as pessoas não recebiam o Espírito Santo, elas não podiam lançar fora os pecados com sua própria força. Por esse motivo se circuncidavam fisicamente, e se o mal não aparecesse fisicamente não consideravam como pecado. Mesmo se alguém pensou em matar o outro, não era considerado pecado, pois a ação não fora exteriorizada.

No entanto, durante os Tempos do Novo Testamento, se você aceitar a Jesus Cristo, o Espírito Santo virá em seu coração. Ao memos que seu coração seja santo, você não entrará no Terceiro Reino.

Além disso, você pode entrar no Terceiro Reino somente quando lançar fora todo mal como ódio, adultério, rancor e outros, e se tornar santo. Então, que tipo de pessoa purificou seu coração? É aquele descrito em 1 Coríntios 13; os que possuem os nove frutos do Espírito em Gálatas 5; as Bem-Aventuranças em Mateus 5 e aqueles que se assemelham à santidade de Deus.

É claro, isso não significa que estão no mesmo nível do Senhor. Não importa o quanto os seres humanos lancem foram seus pecados e se tornem santos, este nível é infinitamente diferente do de Deus, que é a origem de tudo.

Além disso, para purificar seu coração, você primeiramente deve plantar a boa semente nele. Em outras palavras, você deve fazer com que seu coração seja um campo propício, não fazendo somente aquilo que a Bíblia lhe diz para livrar-se. Somente aí, você será capaz de colher os bons frutos que plantou.

Além disso, a santificação se refere ao estado no qual uma pessoa se purifica de seus pecados e é redimido pelo Poder do Espírito Santo. Ser perdoado de todos os seus pecados por crer no Sangue de Jesus Cristo é diferente de lançar fora a natureza do pecado dentro de você e ajudar ao Espírito Santo, orando fervorosamente.

Aceitar a Jesus Cristo e se tornar um filho de Deus não significa que todos os seus pecados foram perdoados e removidos completamente. Você ainda possui alguns sentimentos em seu coração, comuns aos homens, como ódio, orgulho. É preciso lutar contra esses sentimentos ao ponto de derramamento de sangue, que é vital (Hebreus 12:4).

É assim que você lança fora as obras da carne e evolui no processo de santificação. O estado no qual você lança fora não apenas as obras da carne, mas também os desejos em seu coração é o quarto nível da fé, o estado de santificação.

Por que Deus Permitiu Que Jó Fosse Provado?

Em Tiago 1:12 podemos ver que Deus permite que você seja provado para completar seu processo de santificação.

Feliz é o homem que persevera na provação, porque depois de aprovado receberá a coroa da vida, que Deus prometeu aos que o amam.

Jó, no Antigo Testamento, era justo o suficiente para ser reconhecido por Deus como um homem bom e fiel, e que temia a Deus e não cometia o mal (Jó 1:1).

Um dia, ele encontrou uma provação. Ele perdeu seus filhos e sua saúde. Jó não reclamou em nada e somente glorificou a Deus.

Quando a provação continuou, no entanto, ele começou a questionar a Deus, dizendo: "Eu tenho sido justo e reverente a Deus. Por que Deus me dá esta provação"?

Então, por que Deus permitiu que houvesse esta provação a Jó, que era um homem justo? Deus queria que Jó cresse somente nele e fosse um verdadeiro vaso em suas mãos.

Até mesmo Jó tinha pecados em sua natureza, fato que ele não sabia. Então Deus permitiu que ele fosse provado, para ter um lugar de santificação completamente. No final, Deus abençoou Jó duas vezes mais, depois do que provou.

Santificação Após a Purificação dos Pecados da Natureza

O que, então, são pecados da natureza? São pecados que passaram através de seus antepassados, devido à desobediência de Adão. Por exemplo, você pode achar que um bebê, que não tem nem um ano, não possui uma mente pecaminosa. Mesmo sabendo que sua mãe não lhe ensinou sentimentos como o ódio, a inveja, ele terá estes sentimentos, se sua mãe der de mamar a outro bebê, ele tentará empurrá-lo e chorará.

Da mesma forma, a razão pela qual o bebê tem esta atitude, mesmo sabendo que nunca aprendeu isso antes, é por causa de sua natureza.

É claro, se você se purificou do pecado original, é obvio que seus pecados serão lançados fora e a raiz do pecado será retirada. Além disso, o renascimento espiritual é o começo da santificação, e a santificação, a perfeição do renascimento. Além disso, se você nasceu novamente, eu espero que possa viver uma vida Cristã bem sucedida.

Se você realmente quiser ser santo e recuperar a imagem perdida de Deus, e fizer o seu melhor, você será capaz de lançar fora sua natureza pecaminosa e alcançar a força e a graça de Deus com o auxílio do Espírito Santo. Eu espero que você se assemelhe a Deus e recupere a imagem Dele assim como Ele pede: *"Sejam santos, porque eu sou santo"* (1 Pedro 1:16).

Santificados, Mas Não Completamente Cheios de Fé

Deus permitiu que eu tivesse uma comunicação espiritual com uma pessoa que já faleceu e foi qualificada a entrar no Terceiro Céu. O portão principal de sua casa é decorado com pérolas e, porque foi perseverante, conseguiu. Ela era uma pessoa que acreditava e orava pelo Reino e Justiça de Deus.

Antes de conhecer ao Senhor, ela era tão pobre que não podia ter nada. Depois de ter aceitado ao Senhor, ela pôde ir atrás da santificação, porque obedecia e escutava à Palavra de Deus.

Ainda, ela pôde cumprir seu dever porque recebeu muitos ensinamentos de um pastor, que amava muito a Deus, e O serviu bem. Por isso, ela pôde terminar no Terceiro Reino.

Além disso, uma jóia muito bonita foi colocada na porta de sua casa. Essa jóia foi dada a ela pelo ministério que desenvolveu nesta terra. Esta jóia será o sinal de que ela fará falta ao ministério que desenvolveu .

No entanto, ela ainda sente muito por não ter sido qualificada para entrar na Nova Jerusalém. Poderia estar com o Senhor, com o ministério que ela serviu nesta terra e outros amados. Se ela tivesse um pouco mais de fé nesta terra, ela poderia ter entrado, mas por causa da desobediência, perdeu a oportunidade.

"Mesmo sabendo que eu não pude ir para a Nova Jerusalém, onde está a glória, porque não fui perfeita em tudo, mas mesmo assim tenho uma linda casa no Terceiro Reino. Minha casa é linda e espaçosa. Claro que não pode ser comparada às casas que existem na Nova Jerusalém.

Eu ainda não fiz nada. Eu ainda não dei nada. Eu não fiz nada realmente útil para alegrar a Deus. Ainda, a glória que eu tenho é tão grande, que eu não posso explicar. Sou grata por estar aqui".

Pessoas com Fé de Mártires

Assim como aqueles que amam a Deus e se tornam santos em seus corações podem entrar no Terceiro Reino, você pode entrar pelo menos neste Reino, se tiver a fé de um mártir.

Os membros das primeiras Igrejas Cristãs que foram provados de todas as formas, como comidos por leões no Coliseu em

Roma, queimados, receberam a recompensa dos mártires no Céu.

Ao seu redor, existem muitas pessoas que não obedecem a Deus e negligenciam sua Palavra. Este tipo de pessoa, que não obedece a estas coisas, não poderá jamais manter sua fé e nem se tornar um mártir.

Que tipo de pessoa possui a fé de um mártir? São aqueles que possuem o coração como o de Daniel, no Antigo Testamento. Aqueles que possuem o bem e o procuram, mas são compromissados com este mundo, no entanto, não terão chance de ser mártires.

Aqueles que podem verdadeiramente se tornar mártires são os que possuem um coração como o de Daniel. Ele manteve a justiça e a fé, sabendo que iria para a cova dos leões. Permaneceu fiel até o último minuto antes de ser lançado. Ele nunca se afastou da verdade e seu coração era puro.

O mesmo aconteceu com Estêvão no Novo Testamento. Ele foi levado à morte enquanto pregava a Palavra de Deus. Estêvão foi um homem santo que orava até pelos que o ameaçavam. Quanto o Senhor o amará? Ele caminhará com Deus para sempre no Céu, e sua beleza e glória serão tremendas. Além disso, você deve perceber que a coisa mais importante é realizar a justiça e a santidade do coração.

Existem poucos que possuem esta verdadeira fé hoje em dia. Até mesmo Jesus perguntou: *"Eu lhes digo: Ele lhes fará justiça, e depressa. Contudo, quando o Filho do homem vier, encontrará fé na terra?"* (Lucas18:8). Como será maravilhoso estar na visão de Deus e tornar-se santo, mantendo sua fé e lançando fora todo tipo de mal, neste mundo cheio de mal.

Além disso, eu oro, em nome do Senhor Jesus, para que você possa orar fervorosamente, manter o alvo e receber muitas recompensas.

Capítulo 10

A Nova Jerusalém

"Vi a Cidade Santa, a nova Jerusalém,
que descia dos céus, da parte de Deus,
preparada como uma noiva adornada
para o seu marido."

- Apocalipse 21:2

Na Nova Jerusalém, que é o lugar mais bonito do Céu e o lugar mais cheio da glória de Deus, onde está o Trono, onde estão os castelos do Senhor e do Espírito Santo e onde estão as casas das pessoas que agradaram a Deus e alcançaram o mais alto nível de sua fé.

As casas na Nova Jerusalém foram preparadas da forma mais especial, para que seus mestres pudessem ficar. Para entrar na Nova Jerusalém, que é clara e bonita como cristal e onde o Senhor mora, você deve assemelhar-se ao coração de Deus, e fazer tudo aquilo que lhe foi conferido por Ele.

Que tipo de lugar é a Nova Jerusalém e quem irá para lá?

As Pessoas na Nova Jerusalém Vêem Deus Face a Face

A Nova Jerusalém é também chamada de cidade Santa, e é linda e bonita como uma noiva que se preparou para seu marido. As pessoas possuem o privilégio de conhecer a Deus face a face, porque o Trono está lá.

É também chamada de "cidade da glória" porque receberá a glória de Deus para sempre, quando entrar na Nova Jerusalém. As paredes são feitas de jaspe e a cidade de puro ouro e clara como vidro. Possui três portões em cada um dos quatro lados, norte, sul, leste e oeste. Existe também um anjo em cada portão. Os doze alicerces da cidade são feitos de doze tipos de jóias.

As Doze Portas de Pérola da Nova Jerusalém

Por que os doze portões de Jerusalém são feitos de pérolas? É porque as pérolas resistem por muito tempo e doam todo o seu néctar para formar uma só pérola.

Da mesma forma, se você deve lançar fora seus pecados, lutar contra os mesmos ao ponto de derramento de sangue e for fiel ao ponto da morte diante de Deus e resistir até o final. Deus fez estes portões de pérolas, porque você teve que passar por todas as circunstâncias com alegria para ir para lá.

Quando uma pessoa entra na Nova Jerusalém e passa por estes portões, deixará cair lágrimas de alegria e encantamento. Ela dará glórias a Deus, por ter permitido que entrasse nesta cidade Santa.

Ainda, qual é a razão pela qual o Senhor fez doze alicerces

com doze jóias diferentes? É porque a combinação do significado das doze jóias é o coração do Senhor e do Pai.

Além disso, você deve entender que existem significados espirituais para cada jóia e deve realizar o significado espiritual, para entrar na Nova Jerusalém. Será explicado melhor em Céu II: Cheio da Glória de Deus.

As Casas na Nova Jerusalém

As casas na Nova Jerusalém são como castelos no tamanho e na magnificência. Cada uma é única e possui as preferências de seu dono, e é perfeita em sua variedade. Ainda, várias cores e luzes virão das pedras e farão com que fiquem mais bonitas e gloriosas.

As pessoas podem reconhecer as casas e a quem pertecem só de olhar. Elas saberão o quanto aquele agradou a Deus, só de olhar a luz da glória e as pedras que decoram a casa.

Por exemplo, a casa de um mártir terá suas características. Terá suas iniciais marcadas em uma placa de ouro e brilhará. Estará escrito: "O dono desta casa foi um mártir e cumpriu a vontade do Pai no dia _____ do ano de _____".

Até mesmo do portão, as pessoas podem ver as luzes que saem destas placas de ouro, e todos os que as virem deverão se prostrar. Os Mártires possuem um grande galardão e são o orgulho de Deus.

Considerando o fato de que não há mal nenhum no Céu, as pessoas automaticamente se prostrarão diante daqueles que atingiram um nível maior em sua fé.

Além disso, Deus lhe dará algo que fará com que se lembre

de sua vida na terra. É claro, que mesmo no Céu você assistirá a eventos do passado nesta terra, como em uma televisão.

A Coroa de Ouro e da Justiça

Se você entrar na Nova Jerusalém, basicamente receberá sua casa e sua coroa de ouro e de justiça, de acordo com suas obras. Esta é a coroa mais linda e mais bonita no Céu.

Deus mesmo recompensará, entregando as coroas àqueles que entrarem na Nova Jerusalém, ao redor do Trono de Deus, onde estarão os doze anciãos com coroas de ouro.

> *ao redor do qual estavam outros vinte e quatro tronos, e assentados neles havia vinte e quatro anciãos. Eles estavam vestidos de branco e na cabeça tinham coroas de ouro. (Apocalipse 4:4).*

"Anciãos" aqui não se refere ao título dado a pessoas em algumas igrejas, mas sim àqueles que foram justos na visão de Deus e foram reconhecidos por Deus. Eles foram santificados e cumpriram em seu coração todos os planos de Deus. "Cumpriram o santuário em seu coração" se refere àquela pessoa que eliminou todo o tipo de mal.

O número "vinte e quatro" representa todos aqueles que entraram no portão da salvação pela fé, como as doze tribos de Israel e se tornaram santos como os doze discípulos de Jesus, nosso Senhor. Além disso, "vinte e quatro anciãos" se refere aos filhos de Deus que foram reconhecidos por Deus e são dignos de estar Sua casa.

Além disso, aqueles, que possuem a fé como ouro que nunca muda, irão receber a coroa de ouro, e aqueles que esperam no Senhor, como o Apóstolo Paulo, vão receber uma coroa de justiça.

Combati o bom combate, terminei a corrida, guardei a fé. Agora me está reservada a coroa da justiça, que o Senhor, justo Juiz, me dará naquele dia; e não somente a mim, mas também a todos os que amam a sua vinda. (2 Timóteo 4:7-8).

Aqueles que esperam muito tempo pelo Senhor, obviamente irão viver na luz e na verdade, tornar-se-ão vasos preparados e serão noivas do Senhor. Além disso, eles receberão as coroas conforme suas recompensas.

O apóstolo Paulo não se abalou com a perseguição ou tribulações, mas tentou expandir o Reino de Deus e cumprir sua Justiça em tudo que fez Ele revelou a glória de Deus grandemente em tudo o que fez com seu trabalho e perseverança. Por esse motivo, Deus preparou a coroa da justiça para o Apóstolo Paulo. Da mesma forma, Deus lhe dará a coroa conforme a de Paulo, se perseverar e for fiel até o fim.

Cada Desejo do Seu Coração Será Realizado

O que você tem em mente neste mundo, o que você amou fazer e o que abriu mão pelo Senhor, Deus dará tudo de volta na

Nova Jerusalém.

Além disso, as casas na Nova Jerusalém possuem tudo aquilo que você gostaria de ter, e poderá fazer tudo aquilo que gostaria de fazer. Algumas casas terão lagos nos quais os donos poderão utilizar barcos e alguns terão até matas fechadas, para que possam fazer sua caminhada. As pessoas podem aproveitar para conversar com seus entes queridos em uma mesa de chá, na esquina de um bonito jardim. As casas são maravilhosas e cobertas de flores, e as pessoas podem andar, louvar e fazer tudo o que quiserem!

Deus fez no Céu tudo aquilo que você queria ter na terra, sem esquecer nenhum objeto. Quão maravilhado você ficará, quando contemplar as coisas que tanto queria e ver e que Deus proveu tudo com tanto carinho!

Atualmente, ser capaz de entrar na Nova Jerusalém é uma fonte contínua de alegria. Você viverá em um estado de alegria contínua, glória e beleza para sempre. Ficará cheio de alegria quando olhar ao seu redor e ver, como é maravilhoso e confortável em tudo o que observar.

As pessoas se sentirão em paz e em segurança só de estar na Nova Jerusalém, porque Deus assim fez para Seus filhos, que ama muito, e cada esquina desta Cidade reflete seu grande amor.

Então, em tudo o que fizer, em tudo o que andar, jogar, comer e conversar com outras pessoas, ficará cheio de alegria e felicidade. Árvores, flores, grama e até mesmo os animais serão dóceis e você sentirá a glória com magnificência nas paredes do castelo, nas decorações, e nas facilidades dentro de casa.

Na Nova Jerusalém, o amor por Deus, nosso Pai, é como uma fonte e você ficará cheio de amor, felicidade e alegria.

Ver Deus Face a Face

Na Nova Jerusalém, onde está o mais alto nível da glória, beleza e felicidade, você encontrará Deus, O verá face a face, andará com Ele e viverá com os seus amados para sempre.

Você será admirado não somente pelos anjos e pelos seres celestiais, mas também por todos no Céu. Além disso, seus anjos exclusivos o servirão como a um Rei, fazendo perfeitamente tudo aquilo que você quer e precisa. Se quiser voar no Céu, seu carro especial virá até você e parará pertinho do seu pé. Assim que entrar em seu automóvel, poderá conhecer todo céu enquanto quiser, ou até mesmo andar no próprio chão.

Se você entrar na Nova Jerusalém, verá Deus face a face, vai viver com seus entes queridos eternamente e obter todos os seus desejos em um instante. Você poderá ter tudo o que quiser e ser tratado como um príncipe ou princesa.

Participando de Banquetes na Nova Jerusalém

Na Nova Jerusalém, sempre existirão banquetes. Às vezes, o Pai será o anfitrião dos banquetes, às vezes o Senhor e até o Espírito Santo. Você sentirá a alegria que terá no Céu muitas vezes através destes Banquetes. Sentirá abundância, liberdade, beleza e alegria.

Quando você participar dos banquetes dados pelo Pai, vestirá sua melhor roupa e decorativos, comerá do melhor e beberá do melhor. Escutará as melhores músicas, verá as melhores danças e louvores. Verá anjos dançando ou até mesmo você dançará para agradar a Deus.

Anjos são mais bonitos e perfeitos, mas Deus se agrada mais com o aroma de Seus filhos que conhecem seu coração.

Aqueles que servem a Deus através de louvores irão utilizar seu dom nestes banquetes.

Vestirá sua melhor roupa e colocará sua coroa, com as jóias dadas como recompensa com um brilho incrível. Para ir aos banquetes, irá no autómovel especial ou em uma carroça de ouro, escoltada por anjos. Você não fica empolgado só por ver isso?

Festival no Mar de Vidro

No maravilhoso mar do Céu, flui um um rio lindo e claro como um cristal, sem mancha nenhuma. A água do mar azul balança devido à brisa e brilha maravilhosamente. Muitos tipos de peixes nadam nesta água que é tão transparente, que quando as pessoas se aproximam, eles dão boas-vindas movendo suas barbatanas confessando seu amor.

Ainda, corais de várias cores e grupos podem ser vistos. Sempre quando se movem, liberam a luz com essas cores. Como deve ser uma visão maravilhosa! Existem várias ilhas pequenas no mar, e parecem maravilhosas. Além do mais, os navios serão como o Titanic velejando. Teremos também banquetes à bordo dos navios.

Estes navios são equipados com todos os tipos de facilidades, incluindo acomodações confortáveis, boliches, piscinas e salões de baile, onde as pessoas aproveitam sempre quando querem.

Para imaginar estes festivais nestes navios, que são grandes e maravilhosos, eles possuem instalações luxuosas, mais do que as desta terra.

Que Tipo de Pessoas Irão à Nova Jerusalém?

Aqueles que têm fé como ouro, que anseiam pela vinda do Senhor, e que se preparam como noivas do Senhor irão entrar na Nova Jerusalém. Então, que tipo de pessoa você tem de ser para estar em conformidade para entrar na Nova Jerusalém, que é clara e linda como o cristal, e cheia da graça de Deus?

Pessoas com Fé Para Agradar a Deus

Nova Jerusalém é o lugar para aqueles que estão no quinto nível de fé – aqueles que não somente santificaram seus corações completamente, mas também foram totalmente fiéis na casa de Deus.

A fé que agrada a Deus é o tipo de fé com a qual Deus está tão satisfeito que Ele quer cumprir os pedidos e desejos de Seus filhos, antes mesmo que eles peçam.

Como, então, você pode agradar a Deus? Eu lhe darei um exemplo. Digamos que um pai volte do seu trabalho para casa e diga a seu filho que está com sede. O primeiro filho, que sabe que seu pai gosta de refrigerante, traz um copo de Coca ou de Sprite para seu pai. Além disso, o filho faz uma massagem para o conforto de seu pai, mesmo que o pai não tenha pedido isso.

Por outro lado, o segundo filho traz apenas um copo de água

para seu pai e volta para o seu quarto. Então, qual dos filhos pode agradar mais a seu pai, entendendo melhor o coração do pai?

Ao invés do filho que trouxe apenas um copo de água, simplesmente para obedecer à palavra do pai, este deve ter ficado mais satisfeito com o filho que trouxe o copo de Coca e ainda lhe fez uma massagem que ele não havia pedido.

Da mesma maneira, a diferença entre aqueles que entram no Terceiro Reino e na Nova Jerusalém se baseia no critério de quais pessoas agradaram o coração de Deus e foram fiéis de acordo com a vontade do Pai.

Pessoas Que se Assemelham Com o Coração de Deus

Aqueles que têm a fé que agrada a Deus preenchem o seu coração apenas com a verdade e são fiéis na casa de Deus. Ser fiel na casa de Deus significa cumprir os deveres de forma superior ao que se é esperado, utilizando a fé do próprio Cristo, que obedeceu à vontade de Deus até a morte, não se importando com sua própria vida.

Conseqüentemente, aqueles que são fiéis na casa de Deus não fazem os serviços com suas próprias mentes e pensamentos, mas apenas com o coração de Deus, o coração espiritual. Paulo descreve o coração do Senhor Jesus em Filipenses 2:6-8:

que, embora sendo Deus, não considerou que o ser igual a Deus era algo a que devia apegar-se; mas esvaziou-se a si mesmo, vindo a ser servo, tornando-se semelhante aos homens. E, sendo encontrado em forma humana,

*humilhou-se a si mesmo e foi obediente até a morte, e
morte de cruz!*

Por sua vez, Deus O exaltou, deu a Ele o nome acima de todos
os nomes, fez sentar à direita de Seu trono com glória, e Lhe deu
a autoridade como "Rei dos Reis" e "Senhor dos Senhores".

Assim, como Jesus fez, você deve ser capaz de obedecer à
vontade de Deus incondicionalmente para ter a fé e entrar na
Nova Jerusalém. Então, aquele que é capaz de entrar na Nova
Jerusalém deve ser capaz de entender até mesmo o mais profundo
do coração de Deus. Esse tipo de pessoa agrada a Deus porque é
fiel até a morte para seguir a vontade de Deus.

Deus refina os Seus filhos para conduzi-los a ter fé como ouro,
de maneira que sejam capazes de entrar na Nova Jerusalém. Da
mesma forma que um minerador lava e filtra em procura de ouro
durante um longo tempo, Deus mantém Seus olhos em Seus
filhos, enquanto eles se transformam em lindas almas e lavam
seus pecados com a Sua Palavra.

Sempre que Ele encontra um filho que tem fé como ouro, Ele
regozija sobre todas suas dores, agonia e choro que Ele enfrentou
para cumprir o propósito da cultivação humana.

Aqueles que entram na Nova Jerusalém são verdadeiramente
filhos que Deus ganhou, esperando um longo tempo, até que
eles houvessem transformado seus corações no coração do
Senhor e se assemelhassem com Ele. Eles são tão preciosos para
Deus que Ele irá amá-los muito. Por isso que Deus recomenda:
*"Que o próprio Deus da paz os santifique inteiramente. Que
todo o espírito, a alma e o corpo de vocês sejam preservados*

irrepreensíveis na vinda de nosso Senhor Jesus Cristo" em 1 Tessalonicenses 5:23.

Pessoas Cumprindo o Dever dos Mártires

Ser um mártir é abrir mão de uma vida. Assim, requer uma determinação firme e grande devoção. A glória e o conforto recebidos após abrir mão da própria vida para cumprir a vontade de Deus, como Jesus fez, estão além de nossa imaginação.

É claro que, todo mundo que entra no Terceiro Reino ou na Nova Jerusalém tem fé para se tornar um mártir, mas aquele que, de fato, se torna um mártir, recebe uma glória muito maior. Se você não está em condições de se tornar um mártir, você tem de ter o coração de um mártir, realizar a santificação e cumprir seus deveres completamente, para receber a recompensa de um mártir.

Deus uma vez me revelou a glória de um ministro da minha igreja o qual ele iria receber na Nova Jerusalém, assim que ele cumprisse o seu dever de martírio.

Quando ele atingir o céu após cumprir o seu dever, ele irá derramar intermináveis lágrimas em sua casa em agradecimento ao amor de Deus. No portão de sua casa, há um grande jardim com vários tipos de flores, árvores e outros ornamentos. Do jardim até a construção principal existe uma rua de ouro, e flores louvam os feitos de seu dono e o confortam com belas fragrâncias.

Além disso, pássaros com penas de ouro brilham e lindas árvores ficam no jardim. Numerosos anjos, todos os animais, e até os pássaros louvam os feitos do mártir e o saúdam, e quando ele caminha na rua das flores, o seu amor por Deus se transforma em um lindo aroma. Ele continuamente irá agradecer a Deus, do fundo do seu coração.

"O Senhor realmente me amou e me deu um precioso dever! É por isso que eu posso ficar no amor do Pai."

Dentro da casa, várias jóias preciosas decoram as paredes, e a luz carmesim vermelha como o sangue e a luz da safira são extraordinárias. O carmesim mostra que ele cumpriu o entusiasmo de abrir mão da vida e do amor passional, da maneira como o apóstolo Paulo fez. A safira representa seu imutável e correto coração, e a integridade de manter a verdade até a morte. É para relembrar o seu martírio.

Em outro muro existe uma inscrição feita por Deus. Ela lembra os tempos da provação, quando e por que se tornou um mártir, e em qual circunstância ele cumpriu a vontade de Deus. Quando pessoas de fé se tornam mártires, louvam a Deus ou às vezes falam palavras que O glorificam. Tais lembranças são escritas nesta parede. Esta inscrição é tão brilhante que você ficará impressionado de ver e ela trará uma felicidade tão verdadeira por trás. Como é incrível que, o próprio Deus, a luz em si, escreveu estas palavras! Ainda, quem visitar a casa, se prostrará diante destes escritos de Deus.

Nas muralhas internas existirão telas enormes com vários tipos de mural. Os desenhos explicam como ele agiu desde a primeira vez que conheceu o Senhor – como o amou e o tipo de trabalho que ele fez.

Ainda, na esquina do Jardim existem vários equipamentos de esportes que são feitos de materiais especiais e que possuem uma decoração que está além de nossa imaginação. Deus fez tudo com muito conforto porque gostava de esportes. Os halteres não são feitos de qualquer tipo de metal ou aço desta terra, mas feitos com os materiais especiais de Deus. Eles parecem com as pedras que brilham maravilhosamente. Estes equipamentos não são usados para nos manter em forma, mas para diversão e os artigos de luxo para serem mantidos como "souvenirs".

Como será maravilhoso para ele ver todas estas coisas que Deus preparou! Ele teve que desistir dos desejos pelo Senhor, mas agora seu coração está confortado, e ele está muito grato pelo amor do Pai.

Ele não poderá parar de louvar ao Senhor Deus com lágrimas porque viu todo o cuidado de Deus, soube que Ele nunca o abandonou e lhe preparou tudo conforme sempre quis.

As Pessoas Unidas Com o Senhor

Na Nova Jerusalém, Deus mostrou-me uma casa que é grande como a grande cidade. Ela é tão incrível que eu não podia me conter com este tamanho, com a beleza e o esplendor.

Esta casa enorme possui doze portões – três no norte, no sul, no leste e no oeste. No centro há uma árvore decorada com ouro e todos os tipos de pedras preciosas.

No primeiro andar, há um hall tão grande que não se pode ver o final e existem muitas salas. Elas são usadas para os banquetes ou como locais de comunhão. No segundo andar, existem salas que mantêm e entregam coroas, roupas e "souvenirs" e também lugares para receber os profetas. O Terceiro andar é usado exclusivamente para conhecer o Senhor e compartilhar com Ele o amor.

Ao redor do castelo, existem muralhas que estão cobertas por flores que exalam seu perfume. O Rio da Água da Vida flui ao redor do castelo pacificamente e, ao redor do rio, existem pontes e arco-íris.

No jardim existem vários tipos de flores, árvores e grama que completam este cenário. Do outro lado do rio existe uma enorme floresta, além de nossa imaginação.

Existe também um parque de diversões com muitos tipos de entretenimento, como um trem de cristal, um Navio Viking feito de ouro e outras coisas decoradas com jóias. Além deste parque incrível, existe uma estrada bem larga e também uma planície, onde animais brincam e descansam pacificamente.

Além disso, existem muitas casas e construções decoradas com vários tipos de jóias que brilham maravilhosamente. Perto deste jardim, existe também uma cachoeira e, atrás da colina, um mar onde navios enormes, como o Titanic, velejam. Tudo que descrevi faz parte desta imensa casa. Só por aí já podemos imaginar como ela é enorme!

Esta casa, que é grande como a grande cidade, é um ponto turístico do Céu e atrai várias pessoas não somente da Nova Jerusalém, mas também de outras partes do Céu. Nela as pessoas aproveitam e compartilham seu amor com Deus. Ainda, incontáveis anjos servem o dono, tomam conta das instalações, escoltam os veículos e louvam a Deus com músicas e danças. Tudo é feito com o mais alto conforto.

Deus preparou esta casa porque o dono passou por todos

os tipos de testes e provações com fé, esperança e amor, e guiou milhares de pessoas ao caminho da salvação com a Palavra da Vida e poder de Deus, amando Deus em primeiro lugar, mais do que tudo.

O Deus de amor se lembra de todos os seus esforços e lágrimas e o recompensa por tudo o que fez. Ele quer que todos estejam unidos com Ele.

Aqueles que possuem a fé que pode agradar a Deus, podem se unir a Ele porque não somente se assemelharam ao coração Dele, mas também realizaram o espírito e viraram mártires. Estas pessoas verdadeiramente amam a Deus. Mesmo se não houvesse o Céu, fariam o mesmo e não se arrependeriam de nada que fizeram pelo Reino. Eles se sentem felizes em estar conforme a Palavra de Deus e por trabalhar em Sua obra.

É claro, as pessoas com a verdadeira fé têm esperança pelas recompensas que o Senhor lhes dará assim como está escrito em Hebreus 11:6: *"Em vez disso, esperavam eles uma pátria melhor, isto é, a pátria celestial. Por essa razão Deus não se envergonha de ser chamado o Deus deles, e lhes preparou uma cidade"*.

No entanto, não importa a eles se existe ou não Céu, ou se haverá ou não recompensa. Eles se alegram em conhecer a Deus, a quem realmente amam acima de tudo. Além disso, não ser capaz de conhecer a Deus é horrível e muito triste.

Aqueles que mostraram seu amor por Deus, entregando suas vidas, mesmo se não tivessem uma vida feliz no Céu, estariam unidos com o Senhor como sua noiva, através de sua entrega. Como é maravilhosa a recompensa destes!

O Apóstolo Paulo, que esperou e perseverou no Senhor e fez Sua obra levando muitos à salvação, confessou como a seguir:

Pois estou convencido de que nem morte nem vida, nem anjos nem demônios, nem o presente nem o futuro, nem quaisquer poderes, nem altura nem profundidade, nem qualquer outra coisa na criação será capaz de nos separar do amor de Deus que está em Cristo Jesus, nosso Senhor. (Romanos 8:38-39).

A Nova Jerusalém é o lugar para os filhos de Deus que são unidos a Ele através deste tipo de amor. A Nova Jerusalém é linda e bonita como um cristal, onde existem coisas inimagináveis, alegrias e foi preparada especialmente.

O Pai de amor quer que todos sejam salvos e que sempre se assemelhem à Sua santidade e perfeição para que venham à Nova Jerusalém.

Além disso, eu oro, em nome do Senhor, para que você entenda que o Senhor subiu aos Céus para preparar-lhe um lugar, e está voltando para completar as escrituras. Venha, Senhor Jesus!

O Autor:
Dr. Jaerock Lee

Dr. Jaerock Lee nasceu em Muan, Província Jeolla Sul, República da Coréia do Sul, em 1943. Aos vinte e poucos anos, Dr. Lee já sofria de várias doenças incuráveis, e por sete anos seguidos esperou a morte sem esperança de recuperação. Um dia, durante a primavera de 1974, foi levado por sua irmã a uma Igreja e, quando se ajoelhou para orar, o Deus vivo imediatamente o curou de todas as suas enfermidades.

Desde o momento em que Dr. Lee conheceu o Deus vivo através daquela incrível experiência, ele O amou com todo o seu coração e sinceridade e, em 1978, foi chamado para ser servo Seu. Ele orava fervorosamente para que pudesse entender claramente a vontade de Deus, obedecê-la e cumpri-la totalmente. Então, em 1982, ele fundou a Igreja Central Manmin, em Seul, Coréia do Sul, one inúmeras obras de Deus como curas milagrosas e maravilhas tem acontecido.

Em 1986, Dr. Lee foi consagrado pastor na Assembléia Anual da Igreja Sungkyul da Coréia e, quatro anos depois, em 1990, seus sermões começaram a ser transmitidos na Austrália, Rússia, Filipinas e muitos outros lugares pela Empresa de Transmissão do Extremo Oriente, Estação de Transmissão Asiática e pelo Sistema de Rádio Cristão de Washington.

Três anos depois, em 1993, a Igreja Central Manmin foi escolhida uma das "Cinquenta Maiores Igrejas do Mundo" pela revista *Christian World* (EUA) e o Dr. Lee recebeu o Doutorado em Divindade Honorário da Faculdade de Fé Cristã, na Flórida, Estados Unidos. Em 1996, tornou-se P.H.D em Ministério pelo Seminário Teológico de Kingsway, Iowa, nos Estados Unidos.

De 1993 em diante, e Dr. Lee tem liderado as missões mundiais com várias cruzadas internacionais, como na Tanzânia; Argentina; Los Angeles,

City of Baltimore, Havaí e Nova Iorque, nos Estados Unidos; Uganda; Japão; Paquistão; Quênia; Filipinas; Honduras; Índia; Rússia; Alemanha; Peru; República Democrática do Congo; e Israel. Em 2002, foi chamado de "pastor global" pelos maiores jornais cristãos da Coréia, devido aos seus diversos trabalhos internacionais.

Conforme dados de Junho de 2011, a Igreja Central Manmin é uma congregação de mais de 120.000 membros, com 9.000 congregações espalhadas pelo país e pelo mundo. Até hoje, já formou mais de 137 missionários e os enviou a 23 países, como os Estados Unidos, Rússia, Alemanha, Canadá, Japão, China, França, Índia, Quênia e muitos outros.

Até hoje, o Dr. Lee já escreveu 63 livros, incluindo os Best Sellers *Experimentando a Vida Eterna antes da Morte; Minha Fé Minha Vida I & II; A Mensagem da Cruz; A Medida da Fé; Céu I & II; Inferno* e *O Poder de Deus.* Suas obras foram traduzidas para mais de 64 línguas.

Suas colunas cristãs estão nos jornais *The Hankook Ilbo, The Chosun Ilbo, The JoongAng Daily, The Dong-A Ilbo, The Munhwa Ilbo, The Seoul Shinmun, The Kyunghyang Shinmun, The Hankyoreh Shinmun, The Korea Economic Daily, The Korea Herald, The Shisa News,* e *The Christian Press.*

Dr. Lee é atualmente líder de várias organizações missionárias e associações cristãs, como a Igreja Coreana Unida Santidade de Jesus Cristo (presidente), Missão Mundial Manmin (presidente permanente), Missão de Avivamento Mundial Cristianismo (fundador), TV Manmin (fundador e presidente), Rede Global Cristã (GCN) (fundador e presidente), Rede Mundial de Médicos Cristãos (WCDN) (presidente), e Seminário Internacional de Manmin (MIS) (presidente).

Céu II: Cheio da Glória de Deus

Um convite à Cidade Santa de Nova Jerusalém, da qual as doze portas são feitas de pérolas reluzentes, está no meio de um vasto céu que brilha resplendorosamente como muitas pedras preciosas.

A Mensagem da Cruz

Uma poderosa mensagem para despertar todas as pessoas que estão dormindo espiritualmente. Nesse livro podemos ver porque Jesus é o único Salvador e encontrar o verdadeiro amor de Deus.

Minha Fé Minha Vida I & II

Uma história comovente de como a fé verdadeira supera todo tipo de tribulação e atrai as obras de fogo do Espírito Santo na igreja

Inferno

Uma mensagem profunda de Deus, que não deseja que nem uma alma sequer vá para as profundezas do inferno, a toda a humanidade! Você descobrirá coisas nunca antes reveladas sobre a cruel realidade do Ades e do inferno.

A Medida da Fé

Que tipo de lar celestial, coroa e recompensa estão preparados para você no céu? Esse livro fornece, com sabedoria, meios para você medir sua fé e cultivá-la de modo a torná-la melhor e mais madura.

www.urimbooks.com